AF465460

COLLECTION

DE

MACHINES LES PLUS INTÉRESSANTES ET LES PLUS UTILES

Dessinées et gravées par Chaumont;

ACCOMPAGNÉES DE NOTICES DESCRIPTIVES

ET PRÉCÉDÉES D'UNE INTRODUCTION SUR LES PRINCIPES GÉNÉRAUX DE LA MÉCANIQUE.

PARIS.

J. LANGLUMÉ, LIBRAIRE-ÉDITEUR, RUE DU FOIN SAINT-JACQUES, 11.

COURS
DE DESSIN LINÉAIRE
APPLIQUÉ A LA MÉCANIQUE.

IMP. DEFARGE, SUCC^r DE TRÉCOURT, A MÉZIÈRES (ARDENNES).

COURS
DE DESSIN LINÉAIRE
APPLIQUÉ A LA MÉCANIQUE,

OU

COLLECTION DES MACHINES LES PLUS INTÉRESSANTES ET LES PLUS UTILES,

ACCOMPAGNÉES DE NOTICES DESCRIPTIVES

ET PRÉCÉDÉES D'UNE INTRODUCTION SUR LES PRINCIPES GÉNÉRAUX DE LA MÉCANIQUE.

PARIS.

J. LANGLUMÉ, LIBRAIRE-ÉDITEUR, RUE DU FOIN ST-JACQUES, 11.

1848

AVERTISSEMENT.

Parmi les nombreux traités de dessin linéaire, il n'en existe pas qui soit d'une application spéciale au dessin des machines. Cependant les développements prodigieux que les sciences mécaniques ont pris depuis un certain nombre d'années a fait sentir toute l'utilité d'un semblable ouvrage.

Nous avons donc pensé qu'une collection contenant les machines les plus intéressantes, dessinées et gravées au trait avec perfection, et surtout avec une exactitude rigoureuse, serait d'une grande utilité aux élèves mécaniciens et même aux ouvriers désireux de s'instruire.

En même temps qu'ils s'exerceront dans la pratique du dessin, ils pourront étudier les principes, la marche et les effets des machines les plus répandues.

Et qu'on nous permette ici, au sujet du dessin des machines, une observation psychologique : c'est que les formes les plus compliquées d'une combinaison mécanique se graveront infiniment mieux dans la mémoire ; son principe, ses effets se développeront bien plus nettement quand on l'aura imitée à l'aide de la plume ou du crayon. Il semblerait presque qu'ici la main devient l'auxiliaire de l'intelligence ; et telle machine, dont la marche n'eût pas été facilement comprise à la simple inspection d'un dessin ou d'une gravure, se conçoit parfaitement lorsqu'on en a successivement détaillé toutes les parties au crayon et suivi nécessairement les rapports de ces parties entre elles.

Pour arriver à ce résultat, il fallait joindre une grande précision à beaucoup de netteté dans les figures. Nous croyons avoir atteint ce but : notre collection présente un choix des machines les plus importantes et les plus usuelles, dans lesquels les moindres détails sont clairement indiqués. Nous avons d'ailleurs classé ces machines dans un ordre méthodique, allant, autant que possible, du simple au composé.

Les machines sont précédées de figures élémentaires qui sont comme les prolégomènes de la mécanique. Les unes offrent les premiers éléments de cette science, les autres, destinées à faire connaître les principaux mouvements mécaniques, indiquent les moyens de les modifier ou de les convertir en d'autres mouvements.

Quant au texte qui accompagne nos planches, nous ferons remarquer que nous n'avons pas eu la prétention d'offrir un cours complet de mécanique, mais seulement d'en rappeler les principes pour l'intelligence des figures, et ensuite de donner une explication succincte des machines afin d'en faire comprendre clairement la marche et les effets.

Nous espérons que notre ouvrage sera accueilli favorablement, car le nombre de professions auxquelles il peut être utile est immense : il n'est presqu'aucun genre d'industrie dans lequel la mécanique n'ait introduit quelque perfectionnement. En effet, sans parler ici de la conquête des chemins de fer et des bateaux à vapeur, trouvera-t-on facilement un art, une industrie où la mécanique n'ait produit de nos jours, une révolution complète?

Le rôle important que la vapeur joue dans l'industrie moderne exigeait que nous lui donnassions une large place dans ce recueil, aussi y trouvera-t-on la locomotive, le tender, des machines à vapeur de différents systèmes, soit fixes, soit appliquées aux bateaux à vapeur.

Il nous reste à témoigner notre reconnaissance aux personnes qui ont bien voulu nous aider de leurs conseils et particulièrement à M. Decoster, dont les magnifiques ateliers ont produit tant de machines-outils dans lesquels on admire à la fois l'exécution et la pensée créatrice, et qui a bien voulu mettre à notre disposition les dessins de ses machines les plus nouvelles.

PRINCIPES GÉNÉRAUX DE MÉCANIQUE.

L'étude approfondie de la mécanique exige l'emploi de l'analyse mathématique et le secours de la géométrie ; mais comme notre but n'est pas de donner ici un traité de mécanique, mais d'en rappeler seulement les principes généraux, nous nous bornerons à présenter quelques définitions relatives aux propriétés générales des corps, quelques développements sur l'attraction de gravitation, sur la dynamique et les lois du mouvement, sur le choc des corps, sur les forces mécaniques et les machines simples.

DÉFINITIONS.

PROPRIÉTÉS GÉNÉRALES DES CORPS.

On reconnaît généralement six propriétés principales dans les corps, savoir : l'étendue, la divisibilité, l'impénétrabilité, l'élasticité, la mobilité et l'attraction.

L'ÉTENDUE. — C'est la propriété en vertu de laquelle un corps occupe une place déterminée dans l'espace. Tous les corps ont trois dimensions : longueur, largeur et épaisseur.

LA DIVISIBILITÉ. — Tous les corps sont divisibles à l'infini mais la division réelle a des limites parce que nous manquons de moyens pour la continuer lorsque les molécules échappent à nos sens.

L'IMPÉNÉTRABILITÉ. — C'est la propriété des corps qui ne permet pas que deux corps occupent la même place en même temps. Cependant cette propriété n'est pas absolue en ce sens qu'un corps poreux peut absorber un corps liquide sans changer de volume.

L'ÉLASTICITÉ. — C'est la propriété que possèdent plus ou moins les corps de reprendre leur état primitif lorsqu'on fait cesser la cause qui changeait leur forme ou leur volume. Les corps solides, qui nous paraissent privés d'élasticité, tels que le marbre, la pierre, le verre etc., jouissent néanmoins de cette propriété. Une bille de marbre, que l'on jette sur une dalle, rebondit en vertu de son élasticité.

LA MOBILITÉ. — C'est la faculté dont jouissent toutes les particules de la matière de pouvoir être transportées d'un lieu dans un autre. Les causes qui déterminent le mouvement se nomment *force* ou *puissance*. *L'inertie* est cette manière d'être de la matière qui la maintient dans l'état de repos jusqu'à ce qu'une puissance quelconque vienne la mettre en mouvement. La matière ne peut, par elle-même, sortir de l'état de repos ni modifier son état de mouvement. Ainsi, privé du concours d'une force ou puissance quelconque, un corps ne pourrait sortir de l'état de repos et un corps en mouvement continuerait indéfiniment à se mouvoir.

La mobilité et le mouvement sont dans une étroite dépendance. Néanmoins nous traiterons du mouvement à part, à cause de son importance sous le point de vue de la mécanique.

DE L'ATTRACTION DE GRAVITATION.

L'attraction est une puissance par laquelle les corps tendent à s'approcher les uns des autres en raison directe de leur masse et inverse du carré de leur distance réciproque; mais l'attraction exercée par la terre, en vertu de cette même loi, sur tous les corps qui sont à sa surface où près de sa surface, détruit les effets de l'attraction que les petits corps exercent les uns sur les autres et forme seule ce qu'on appelle *pesanteur* ou *gravité*. Elle agit de la même manière sur tous les objets quel que soit leur figure ou leur volume, et tous les corps placés à une égale distance de la terre tomberaient avec une vitesse égale, sans l'interposition de l'air, laquelle interposition est d'autant plus puissante que le corps est plus léger.

Cette action s'exerce en raison directe sur la masse, c'est-à-dire en raison de la quantité de matière qui compose les corps; ainsi l'action de cette force sur un corps de cent kilogrammes sera cent fois plus forte que sur celui d'un seul kilogramme.

L'attraction agit en sens inverse du carré de la distance des corps, c'est-à-dire qu'elle diminue selon que le carré des distances du centre de la terre augmente. Mais cette décroissance est difficilement appréciable pour les hauteurs les plus grandes où nous puissions atteindre et par les instruments les plus délicats [1],

Accélération du mouvement par l'effet de la pesanteur.

La vitesse d'un corps qui tombe s'augmente et devient plus rapide, à chaque instant, un corps tombant d'un lieu élevé parcourt 4 mètres 905 millimètres, dans la première seconde, trois fois 4 mètres 905 millimètres dans la deuxième seconde; cinq fois 4 mètres 905 millimètres dans la troisième, sept fois dans la quatrième et toujours ainsi de suite, en augmentant suivant les nombres impairs 1, 3, 5, 7, 9, 11, 13 etc.

Loi de l'accélération de la chute des corps : *L'espace parcouru par les corps tombant de leur propre mouvement augmente selon que le carré des temps augmente*; ainsi pour connaître la hauteur de la chute d'un corps, on n'a qu'à carrer le nombre de secondes employé par cette chute, c'est-à-dire multiplier ce nombre par lui-même, puis multiplier le résultat par 4,905 m. Soit 10 secondes le temps de la chute dont le carré est 100 secondes, lesquelles multipliées par le nombre 4,905 donnent pour hauteur 490 mètres 500 millimètres. Voilà la démonstration de cette loi, l'une des plus intéressantes de la mécanique. La ligne A B représente le temps de la chute, la perpendiculaire C D est la vitesse, et l'aire de triangle augmentant sans cesse, à partir de son sommet, représente la progression des espaces parcourus.

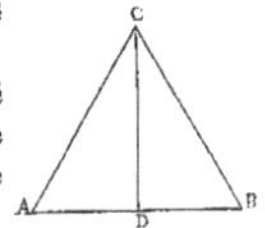

DU CENTRE DE GRAVITÉ.

C'est le point autour duquel toutes les parties d'un corps se balancent exactement dans quelque position qu'il se trouve, mais comme il jouit de plusieurs propriétés indépendantes de la pesanteur, on l'appelle également *centre d'inertie*.

On nomme ligne de direction une ligne tirée du centre de gravité vers le centre de la terre, c'est-à-dire, une ligne verticale ou perpendiculaire à l'horizon.

[1] On a, néanmoins, pu observer que vers les pôles, où la terre est aplatie et où, par conséquent, l'attraction centrale doit s'exercer avec plus de puissance, le pendule simple donnait un nombre d'oscillations moins grand dans un espace de temps déterminé.

Si cette ligne de direction tombe au-dedans de la base de ce corps, il se tiendra debout (fig. 1), mais si, au contraire, la ligne de direction sort de la base, le corps doit nécessairement tomber (fig. 2).

Fig. 1.

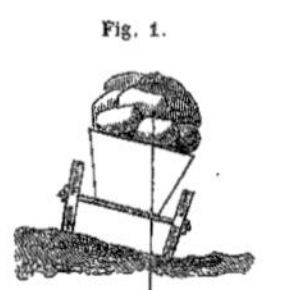

Fig. 2.

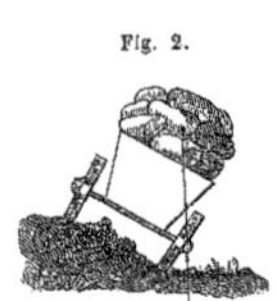

Fig. 3.

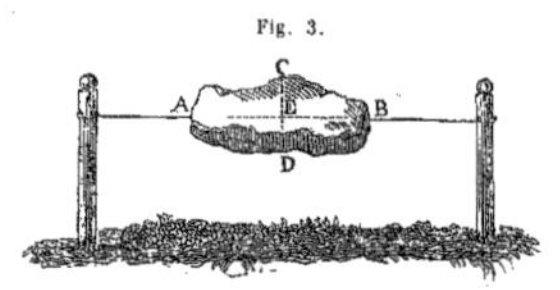

Fig. 4.

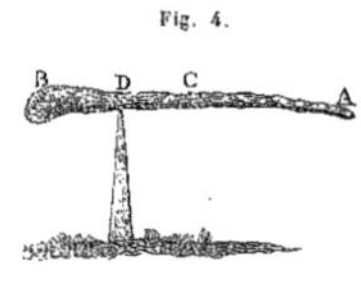

Pour connaître le centre de gravité d'un corps, posez-le en équilibre sur un fil de fer tendu dans la direction A B (fig. 3); placez-le ensuite dans la direction C D et le point d'intersection E de ces deux lignes sera le centre de gravité cherché.

Le centre de gravité du bâton A B (fig. 4), dont un bout est plus gros que l'autre, n'est pas au point C qui forme le milieu de sa longueur, mais au point D qui partage son poids en deux parties égales. *L'équilibre stable* est celui où se trouve un corps qu'un attouchement ne fait qu'osciller autour de son centre de gravité, il est *instable* si le corps est obligé de changer son point d'appui pour celui de l'équilibre stable.

DE L'ATTRACTION MOLÉCULAIRE.

On appelle ainsi cette force qui tient réunies toutes les molécules d'un corps et les empêche de se séparer, et leur donne même une tendance à se rapprocher quand elles se trouvent à une proximité suffisante les unes des autres. Toutes les substances solides sont sujettes à la même loi, seulement elles le sont à différents degrés; d'où résulte dans les unes de la dureté, dans d'autres de la mollesse, suivant qu'elles sont plus ou moins affectées par cette loi.

Cette attraction prend divers noms, suivant son mode d'action. On la nomme *cohésion*, lorsqu'elle maintient ensemble les particules d'un même corps; *adhésion*, lorsqu'elle retient en contact deux ou plusieurs corps différents d'un petit volume, et *affinité* celle qui préside aux combinaisons chimiques.

Les parties d'un corps solide ne se maintiennent donc réunies qu'en vertu de cette propriété, et dès l'instant qu'un corps se divise ou se brise, c'est qu'une force majeure détruit l'effet de l'attraction moléculaire.

Voici quelques exemples de l'attraction moléculaire : deux tables de marbre parfaitement planes, enduites d'une couche d'huile ou de graisse qui en remplit tous les pores, et posées l'une sur l'autre, ne se sépareront pas sans employer une force considérable. Deux globules de vif-argent, et même deux gouttes d'eau suffisamment rapprochées, se précipiteront l'une contre l'autre, pour se confondre et ne former qu'un seul globule. Deux morceaux de liége, de forme circulaire, placés à la surface de l'eau, à la distance de deux centimètres, se rapprocheront l'un de l'autre.

C'est conformément au principe de l'attraction moléculaire que les ébénistes et les menuisiers se servent de colle dans leurs ouvrages et que l'on soude les métaux au moyen du feu.

La *capillarité* et la *cristallisation*, sont aussi des phénomènes dépendant de l'attraction moléculaire; mais ces phénomènes s'éloignent trop du domaine de la mécanique pour que nous nous en occupions ici.

DE LA DYNAMIQUE OU DU MOUVEMENT.

Pour définir le mouvement, nous devons supposer l'existence de deux points à une certaine distance l'un de l'autre, puis, au bout d'un certain temps, l'existence de ces points à une distance différente. Ainsi le mouvement est le changement de la distance, en ligne droite, de deux points quelconques.

Lorsqu'un point est en mouvement à l'égard d'un autre point en repos, on le nomme *point mouvant*, et la ligne qu'il décrit en se mouvant, se nomme *la direction;* s'il décrit plusieurs lignes droites, chaque ligne sera celle de sa direction aussi longtemps qu'il continuera à la parcourir. On donne aussi le nom de *trajectoire* à la ligne parcourue par un point.

LOIS DU MOUVEMENT.

Les lois du mouvement forment la base de la mécanique et leur connaissance est indispensable à l'étude des applications de cette science.

La première loi du mouvement est : *qu'un corps en mouvement ne quitte jamais la ligne de sa direction sans une cause perturbatrice*, car une ligne droite étant partout la même on ne pourrait s'expliquer pourquoi le corps doit se détourner plutôt d'un côté que de l'autre. Ainsi, lorsqu'un corps se meut, suivant une ligne courbe, il faut qu'il obéisse au moins à deux forces.

Remarquons ici qu'il est impossible de supposer un corps placé dans des circonstances telles, qu'il soit à l'abri des causes, qui peuvent accélérer, retarder ou modifier sa marche d'une manière quelconque. Tout corps par exemple est soumis à la loi de *l'attraction*, ajoutons-y la résistance de l'air et la résistance produite par le frottement.

La seconde loi du mouvement est : *que tout mouvement ou changement de mouvement, est en proportion de la force imprimée et dans la direction de cette force.* C'est pourquoi si un corps en mouvement reçoit une impulsion en suivant la direction qu'il suit déjà, sa vitesse en sera augmentée dans la même direction. Si cette impulsion est en sens contraire elle en sera diminuée d'autant ; enfin, si la force perturbatrice agit à l'égard de l'autre en sens oblique, sa proportion sera un terme moyen entre les deux forces. *Exemple :* Admettons qu'un bateau E soit poussé par le courant, ou par toute autre cause dans la direction B A, et admettons aussi qu'une force, exactement égale à celle du courant, le tire dans la direction A D. La ligne que décrira le bateau sera la diagonale B D.

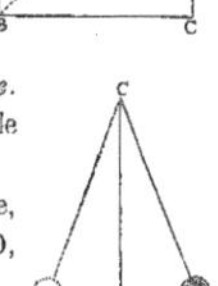

Si les deux forces ne sont pas égales, la ligne décrite ne sera plus la diagonale d'un carré, mais celle d'un parallélogramme quelconque.

Dans l'hypothèse ci-dessus, la somme de deux forces agissant simultanément sur le bateau E, n'est pas aussi grande que si elles agissaient séparément. Dans ce dernier cas elles seraient égales à A B plus A D, tandis que par leur action combinée, le mouvement est seulement égal à B D, longueur de la diagonale. Cette proposition très-importante en mécanique, prouve qu'il y a perte de force toutes les fois qu'il y a combinaison de forces agissant sous des angles différents.

La troisième loi du mouvement est : *que dans toute action d'un corps sur un autre corps, il y a une réaction égale dans un sens contraire.* Exemple : Si on appuie le doigt sur le plateau d'une balance, de manière à maintenir en équilibre un poids placé dans l'autre plateau, la force avec laquelle le doigt appuie sur l'un des plateaux, représente la force d'action égale à la force de réaction déterminée par le poids.

Autre exemple : Soient deux billes d'ivoire parfaitement semblables, suspendues au point C par des fils ; si on écarte la bille A de la perpendiculaire, ainsi que le représente la figure ci-contre, et qu'on la laisse retomber sur B, elle perdra son mouvement en le communiquant à B qui sera chassé en D, c'est-à-dire à une distance égale à celle parcourue par A. Ce qui démontre que la réaction B est égale à l'action A.

Si on suspend à des fils un nombre indéfini de billes, de manière à ce que les billes se touchent les unes les autres, et si retirant la bille A à une certaine distance on la laisse retomber, on verra la dernière du côté opposé (la bille G) décrire un arc pareil à celui de la bille A, tandis que les billes

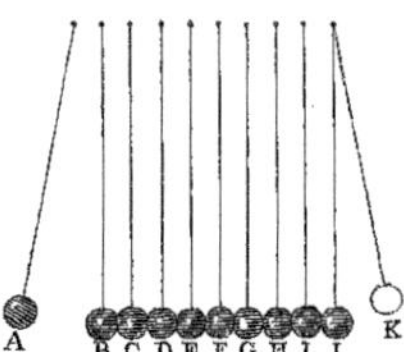

intermédiaires B C D E F, etc., resteront immobiles entre l'action et la réaction, à cause de l'égalité des forces. Mais, si la masse de la bille A était plus considérable que celle de la bille G, les billes B à F décriraient un arc d'une grandeur proportionnelle à la différence de masse des deux billes.

DU CHOC DES CORPS.

Nous avons dit plus haut que dans toute action d'un corps sur un autre corps, il y avait une réaction égale dans un sens contraire. Cette loi trouve son application dans le choc des corps.

Un corps en mouvement qui en choque un autre de masse égale en repos, communique à ce dernier une vitesse de moitié de sa vitesse primitive et en perd lui-même la moitié. Si la bille A rencontre la bille B avec une vitesse de 10 secondes par décamètre, A imprimera à B une vitesse de 5 secondes par décamètre et en perdra autant par le choc. Mais si A avait une masse dix fois plus forte que B, le total des masses serait 11 et B n'obtiendrait par le choc que 1 dixième du mouvement primitif de A.

Si deux masses inégales, ayant une vitesse inégale dans une même direction, se choquent, la vitesse produite est le terme moyen des deux vitesses. Soient les billes d'une masse égale A et B, mais A possède une vitesse de 8 mètres par secondes et B seulement une vitesse de 2 mètres. La vitesse de B après le choc, sera de moitié des deux vitesses réunies, c'est-à-dire 5 mètres par seconde.

DES FORCES MÉCANIQUES.

Lorsque plusieurs forces agissent sur un point dans diverses directions, elles ne peuvent en dernier résultat, imprimer à ce point qu'un seul mouvement dans une direction déterminée. En partant de ce principe il est facile de remplacer en idée toutes ces forces réunies par une force unique produisant le même effet. Or, cette force unique s'appelle la *résultante*, et les forces séparées, *les composantes*.

Si toutes les forces séparées agissent dans la même direction, la résultante sera égale à leur somme; mais si les unes agissent dans un sens et les autres dans le sens opposé, la résultante sera formée par la différence des forces opposées.

Lorsque les forces opposées sont parfaitement semblables, il n'y a point de résultante, mais seulement équilibre.

La résultante de deux forces qui agissent angulairement sur un même point est une ligne intermédiaire entre les deux composantes (Voyez ci-dessus la seconde loi du mouvement) c'est ce qu'on nomme le *parallélogramme des forces*.

Pour trouver la résultante d'un nombre quelconque de forces agissant sur un même point, on prend d'abord la résultante des deux premières forces; puis cette résultante et la troisième force, ensuite cette nouvelle résultante et la quatrième force, et ainsi de suite jusqu'à la dernière.

De la vitesse et de la quantité de mouvement. On appelle *vitesse* la quantité de mouvement qu'un corps peut parcourir dans un temps donné.

Lorsqu'une masse de matière se meut, avec une vitesse donnée, chacun de ses points étant nécessairement animé de la même vitesse, le mouvement réel du corps est égal à sa vitesse multipliée par sa masse.

Un petit corps peut avoir une quantité de mouvement égale à celle d'un gros, pourvu qu'il soit aussi supérieur en vitesse au gros que celui-ci l'est à son égard en grosseur ou en masse.

Une force d'impulsion est double, triple ou quadruple d'une autre, quand le mouvement qu'elle produit est double, triple ou quadruple.

Ainsi les forces sont entr'elles comme les quantités de mouvement qu'elles produisent.

Pour les masses égales, les forces sont dans le même rapport entr'elles que les vitesses qu'elles impriment.

Pour des vitesses égales, les forces sont dans le même rapport que les masses sur lesquelles elles agissent.

On donne le nom de *couples*, à deux forces égales, parallèles et opposées. Telles que A et B appliquées aux deux extrémités d'une ligne droite inflexible. La perpendiculaire C D, tirée entre la direction des deux forces parallèles, se nomme le *bras du levier* et le produit de l'une des deux forces est le *moment*. Un couple ne peut avoir de résultante, c'est-à-dire la résultante est égale à *zéro*, cependant le système n'est pas en équilibre et l'action des deux forces tend à faire tourner la ligne C D sur son point milieu dans la direction des deux forces. C'est un des cas où deux forces ne peuvent pas être remplacées par une seule.

A C D B

MACHINES SIMPLES.

Elles sont au nombre de six, savoir : le *levier*, la *poulie*, le *treuil*, la *vis*, le *coin* et le *plan incliné*.

Ces machines s'appellent *forces* ou *puissances mécaniques*, parce qu'avec leur secours nous sommes en état de mouvoir des masses énormes, de soulever des fardeaux, de vaincre des résistances, toutes choses qu'il nous serait impossible d'exécuter sans elles.

Cependant l'emploi des machines, en général, est soumis à une loi importante, c'est que *ce que nous gagnons en force nous le perdons en temps ou en vitesse*, ce qui est la même chose.

Si dans l'espace d'une minute vous pouvez, par le secours de vos propres forces, élever à un mètre un poids de 50 kilogrammes, et que par des moyens mécaniques vous désiriez élever à la même hauteur un poids de 500 kilogrammes, il vous faudra 10 minutes. Ainsi toutes les fois qu'en mécanique on augmente soit sa propre puissance, soit celle d'un moteur quelconque, tels que le vent, les chevaux, la vapeur, ce n'est qu'aux dépens du temps.

Du levier. Il faut considérer trois choses dans le levier, 1° l'appui qui supporte le levier et sur lequel il peut tourner comme sur un axe; 2° la résistance à vaincre; 3° la puissance qu'on emploie pour vaincre cette résistance.

De là il résulte trois espèces de leviers faisant les différentes fonctions du point d'appui à l'égard de la résistance et de la puissance.

Le levier est du *premier genre*, quand le point d'appui est entre la puissance et la résistance. (Voyez planche 1re, figure 1re).

Il est du *deuxième genre*, lorsque c'est la résistance qui est entre le point d'appui et la puissance. Dans la figure 2, la terre forme le point d'appui, et la résistance est la pierre qu'on soulève. La brouette, chargée d'une pierre, présente également l'exemple d'un levier du second genre.

Le levier est du *troisième genre*, lorsque la puissance se trouve entre la résistance et le point d'appui.

La plupart des instruments dont on fait journellement usage, sont des leviers d'un des trois genres, tels que la romaine, la balance ordinaire, les ciseaux, les mouchettes, les pinces, etc.

Il est évident que le levier le plus avantageux pour la multiplication de la force, est celui du premier genre, et le moins avantageux, celui du troisième genre [1].

Levier de la première classe. Supposons-le mu sur son point d'appui C, dans la position A B. Il est évident que pendant que la puissance parcourt le grand espace A E, B a parcouru le petit espace B D, lesquels espaces sont exactement entre eux dans le même rapport que la longueur de A C et C B, c'est-à-dire le petit arc de cercle D B, est dans le même rapport avec le grand arc de cercle A E, que les parties A C et C D du levier; nous avons vu qu'une force quelconque est égale au produit de la masse par la vitesse, or, il est évident que la vitesse du bout A, doit avoir été plus grande que celle du bout B, et que par conséquent, il exige moins de force ou de matière pour produire l'équilibre. La différence entre les parties A C et C B du levier, étant de 3 à 1, il en résulte que le poids ou l'effort d'un kilogramme en A, contrebalancera 3 kilogrammes en B. Ainsi, plus on augmentera la longueur de la portion de levier entre la force et le point d'appui, plus on augmentera sa puissance.

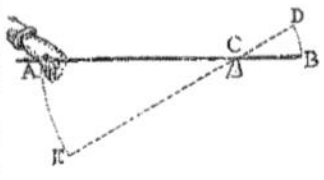

Les mêmes principes s'appliquent aux leviers de 2e et 3e classes.

La quantité du mouvement d'un corps, s'établissant par son poids multiplié par sa vitesse, et la vitesse se déterminant par l'espace parcouru dans un temps donné, il est évident, en examinant le levier ci-dessus, que le mouvement de la résistance et celui de la puissance s'achèveront dans le même temps, mais que les espaces parcourus seront bien différents. En effet, l'arc décrit par la puissance, est d'autant plus grand que celui décrit par la résistance que la première est plus éloignée que l'autre du point d'appui : or, la vitesse étant comme les espaces parcourus dans un même temps, la vitesse de la puissance doit être proportionnellement plus grande que celle de la résistance. Conséquemment la vitesse de A puissance, multipliée par son poids, sera égale à la vitesse plus petite B, multipliée par son poids et leurs quantités de mouvement, dans cet état, se trouvant égales ils feront équilibre l'un avec l'autre.

Quant au levier du troisième ordre, la vitesse de la puissance A, étant moindre que celle de la résistance B, il est clair, pour que leurs quantités de mouvement soient égales, que la puissance qui agit en A doit être d'autant de fois plus grande que D E est moindre que D C.

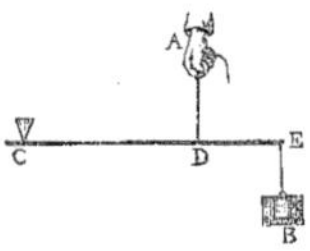

Le TREUIL : seconde puissance mécanique, se compose ordinairement d'un cylindre garni à l'une de ses extrémités d'une roue ou de leviers traversant la tête du cylindre et se croisant à angles droits. La puissance de cette machine augmente selon que la circonférence de la roue, est plus grande que celle du cylindre, ou que la longueur des leviers excède le diamètre de ce cylindre. Ainsi, que la circonférence de la roue, soit 8 fois égale à celle du cylindre, un seul kilogramme en A en contrebalancera 8 en B.

Le *cabestan*, figure 13, est établi par le même principe que le treuil; les barres, ou leviers horizontaux, qui traversent sa tête correspondent à la roue verticale du treuil. Ces machines ne sont que des applications du levier.

La POULIE : troisième puissance mécanique, est une petite roue creusée dans sa circonférence et tournant autour d'un axe placé à son centre. L'axe se nomme *goujon* ou *boulon*, et la pièce fixe en bois ou en fer dans laquelle la poulie est suspendue se nomme *chappe*. La poulie peut se rapporter au principe du levier, ainsi la ligne A B, (planche 1re figure 5e) doit être considérée comme un levier dont les bras A C et C B sont en équilibre. Maintenant si deux poids égaux D E, sont suspendus à une corde passant par-dessus la poulie, ils seront en équilibre et le point d'appui C les portera tous deux. Mais si à une grande poulie est fixée une poulie plus petite

[1] L'application la plus importante de ce genre de levier se montre dans la structure des membres des animaux, et particulièrement dans ceux de l'homme. Prenons le bras, par exemple : quand nous levons un poids avec la main, nous agissons par le moyen des muscles qui partent de l'omoplate et viennent se rattacher au-dessous du coude, à une distance de ce même coude, dix fois moindre que celle qui existe entre lui et la main. Or le coude étant le centre du mouvement sur lequel tourne la partie inférieure du bras, il faudra que les muscles agissent suivant le principe que nous avons émis au sujet des leviers du premier genre, c'est-à-dire, avec une force dix fois plus grande que celle du poids à soulever ; mais ce qu'on perd en puissance, on le gagne en vitesse : donc le corps humain ne pouvait être mieux distribué pour les diverses fonctions qu'il a à exercer. (Joyce, traduction de M. NIOGRET.)

et toutes les deux ayant le même axe, un poids moindre fixé à la grande poulie sera en équilibre avec un poids plus considérable attaché à la petite. (Voyez planche 1re figure 8e). Le rapport de ces poids sera comme celui des rayons des deux poulies.

La poulie simple ne donne lieu à aucune augmentation de force, mais elle est d'une grande utilité pour changer la direction d'un mouvement. Exemple : un homme qui tire de l'eau d'un puits à l'aide d'une poulie, tire de haut en bas au lieu de tirer de bas en haut, comme il serait obligé de faire s'il n'employait pas une poulie. Il met de cette manière à profit la pesanteur de son corps.

Si l'on combine plusieurs poulies ensemble, on obtient ce que l'on appelle alors *un système de poulies*, ou mouffle possédant toutes les propriétés d'une force mécanique. Lorsqu'une force tire une corde passée dans la gorge d'une poulie, dont l'axe n'est point fixé (figures 6 et 8), l'autre bout du cordon étant fixé, cette force fait équilibre à un poids double. Lorsque la corde passe sur plusieurs poulies, alternativement fixes et mobiles, la force est multipliée suivant le nombre de ces dernières. Par exemple, la puissance appliquée dans la figure 9, fera équilibre à un poids six fois supérieur à cette même puissance, parce qu'il y a trois poulies mobiles. Dans la figure 10, la puissance n'est que quadruplée. Dans la figure suivante, la poulie séparée du reste de l'appareil, ne sert qu'à changer la direction du mouvement.

En résumé, le poids agissant sur l'axe des parties mobiles, est en équilibre avec la force qui retient la corde, multipliée par le nombre de cordes qui aboutissent à ces poulies. S'il y a quatre cordes, comme dans la figure 10, la force ou puissance A, fera équilibre à un poids B, quatre fois plus considérable.

Remarquons ici, que pour élever le poids B, la puissance A devra développer une longueur de corde quatre fois plus grande que celle parcourue par ce poids. Cette longueur sera six fois plus considérable, s'il y a six cordes aboutissant aux mouffles. Ceci dépend de ce grand principe de la mécanique, que ce qu'on gagne en force on le perd en vitesse.

Il faut toutefois remarquer, que le multiplicateur des forces produites par l'applicateur des mouffles, est diminué par le frottement et la raideur des cordes.

Le PLAN INCLINÉ. Cette force mécanique ne procède point comme les précédentes du levier. Quelques savants ont même proposé de réduire le nombre de forces mécaniques, au levier et au plan incliné, toutes les autres n'étant pour ainsi dire que des modifications de celles-ci. Voici le principe qui domine dans la théorie des plans inclinés.

Le rapport entre la puissance qui retient un poids, roulant ou glissant sans frottement sur la surface d'un plan incliné, est égal à celui de la longueur oblique de ce même plan, à l'égard de sa hauteur.

Soit la boule A, roulant sur le plan incliné B D, la longueur B D étant deux fois plus grande que la hauteur B C, la boule A pourra être retenue sur le plan incliné, par une puissance égale à la moitié de son poids. Si la ligne B C, n'était que le tiers de la longueur B D, cette puissance devrait être réduite au tiers du poids de la boule A, pour équilibrer son impulsion sur le plan incliné.

Il résulte de l'application de ce principe, que pour élever un fardeau le long d'un plan incliné, tel que ce dernier, il ne faut employer que le tiers de la force qu'il faudrait mettre en usage pour l'élever verticalement, sauf toutefois l'augmentation de force nécessitée par le frottement.

La figure 19 est encore une application du même principe : les rapports des deux plans inclinés que présente cette figure, est le même que celui des masses des deux boules posées sur ces plans, en sorte qu'elles s'équilibrent mutuellement.

Le COIN que l'on place au nombre des forces mécaniques, n'est autre chose qu'un double plan incliné. On peut mettre dans la même catégorie, tous les instruments tranchants.

La VIS : sixième et dernière force mécanique, appartient encore au plan incliné, par l'inclinaison du filet qui forme son pas. Il est facile de s'en convaincre en roulant autour d'un cylindre de bois un morceau de papier, coupé en forme de plan incliné, tel par exemple que le triangle rectangle B C D, (figure 18); la ligne B D formera autour de ce cylindre une spirale en forme de pas de vis, et dont l'inclinaison sera celle du plan incliné B C D.

L'usage de la vis est toujours complété par l'emploi du levier qui sert à la faire tourner dans son écrou ou à faire tourner l'écrou autour de la vis. De la réunion de ces deux forces mécaniques, résulte une grande puissance employée dans les presses, les balanciers, etc., etc.

La théorie des plans inclinés s'appliquant à la vis, la puissance qui met celle-ci en mouvement aura d'autant plus d'avantage, que l'inclinaison du filet sera moindre. Ainsi, la vis dont les filets ne seront qu'à un centimètre les uns des autres, produira une force trois fois supérieure à celle dont les pas seront distants de trois centimètres.

Mais, conformément au principe fondamental de la mécanique, l'espace parcouru par la vis, ou le nombre de tours qu'elle aura fait, et par conséquent le temps perdu, sera dans un rapport exact avec la force gagnée.

Le balancier monétaire dont la vis doit descendre rapidement, a ses doubles ou triples filets extrêmement inclinés, mais la perte de force qui devrait en résulter est rachetée par la puissance du choc produit par les masses placées aux extrémités du levier.

Il y a des vis à filet conique (figure 14), à filet carré (figure 15), à double, à triple filet. La vis *sans fin* (figure 17), est d'un grand usage dans la mécanique. Elle engrène dans une roue dentée dont elle reçoit le mouvement ou à laquelle elle le communique.

Les planches 2, 3 et 4, renferment les *mouvements mécaniques*, c'est-à-dire les éléments des machines.

Les mouvements sont rectilignes ou circulaires, continus ou alternatifs, ou bien ils participent de ces manières d'être. Le nombre de combinaisons qu'ils peuvent offrir est considérable, et leurs applications tellement variées, qu'il serait impossible de leur fixer des limites.

Nous nous bornerons donc à donner ici une série des principales applications de ces mouvements mécaniques. On y trouvera le moyen de convertir un mouvement rectiligne en un mouvement circulaire, et vice versa, de changer un mouvement continu en un mouvement alternatif, etc.

Le texte placé au bas de chacune de ces figures, nous dispense d'entrer ici dans de plus grands développements.

PLANCHE 5.

ROUES HYDRAULIQUES.

On utilise la force d'un fluide par l'usage bien entendu de son poids, de son impulsion ou de sa pression, mais de quelque manière que l'on applique la force de l'eau, on trouve que la puissance mécanique doit être mesurée par le produit de sa masse, multipliée par la hauteur de sa chute ; ainsi un muids d'eau qui tomberait de la hauteur de dix mètres, a la même puissance que dix muids d'eau tombant de la hauteur d'un mètre ; et un réservoir rempli à dix mètres au-dessus de son orifice d'écoulement, possède une puissance cent fois plus grande que le même rempli à la hauteur d'un mètre seulement.

Le choix et la forme d'une roue hydraulique, dépendent de la force et de la disposition du cours d'eau dont on peut disposer. Ordinairement on établit en amont du cours d'eau, des travaux d'art, avec encaissement et barrage pour en élever le cours, un réversoir pour faire écouler les eaux surabondantes, et une vanne pour l'arrêter ou le régler.

Une roue hydraulique parfaitement bien construite, donne, en général 0,75 de la puissance motrice du courant.

Il y a donc une perte de 0,25 de la force motrice. Les causes de cette perte existent 1° dans les frottements inévitables des axes de la roue ; 2° dans la perte d'une partie de la chute d'eau rendue inutile par la forme même de la roue ; 3° dans le remous que le fluide produit ordinairement après sa chute et qui cause une stagnation momentanée qui retarde le passage de la roue ; 4° enfin par l'eau qui mouille et surcharge les parties ascendantes de la roue ; en sorte que beaucoup de roues hydrauliques, construites d'après de mauvais principes, ne donnent que la moitié et même le quart de la force du courant ou de la chute.

On distingue trois sortes de roues hydrauliques : les *roues à aubes ou en-dessous*, les *roues de côté* et les *roues en-dessus*.

Roues à aubes ou palettes. Pour établir cette espèce de roue, on fait un barrage vertical pour arrêter le courant, et, à la partie inférieure de ce barrage, on laisse une ouverture avec une vanne mobile pour proportionner la grandeur de cette ouverture à la masse d'eau affluente. A droite et à gauche, on construit deux petits murs nommés *coursiers*, qui supportent les tourillons de la roue qu'ils encaissent de manière à affleurer ses côtés sans la toucher. Le fond du coursier décrit une courbe semblable au contour de la roue. En avant de ce plan incliné il est bon d'élargir le coursier par un ressaut afin d'éviter la réaction de l'eau contre ses parois, réaction qui pourrait retarder la marche de la roue.

La roue, parfaitement encaissée dans son coursier, reçoit donc sur ses aubes toute l'impulsion de l'eau animée par la hauteur de sa chute, la roue tourne sur ses tourillons, et l'arbre qui lui sert d'axe, communique par des engrenages, son mouvement de rotation jusqu'au lieu où la puissance doit s'exercer.

Le plus ordinairement, le tambour de la roue est formé de deux cercles égaux en bois, montés sur l'arbre à l'aide de rayons et reliés par des traverses. Les aubes sont des planchettes rectangulaires fixées sur des *coyaux* mortaisés sur les cercles de la roue. D'autres fois les cercles sont recouverts de douves, en sorte que la roue n'est plus à jour.

Le nombre d'aubes doit être proportionné au diamètre de la roue. On en met ordinairement 36 ou 40 sur une roue de 7 mètres de diamètre.

On appelle *roues pendantes*, celles qu'on établit sur des bateaux flottants et qui sont mues par le courant. La roue ne doit pas plonger dans l'eau de plus d'un tiers de son diamètre, et il est bon de lui donner au moins 12 ailes. L'effet utile de cette espèce de roue, est bien moindre que celui des roues à coursier, et la vitesse du centre d'impulsion des aubes de la roue, est au plus le tiers de la vitesse moyenne du courant.

Roues en-dessous, à aubes courbes. Cette espèce de roue présente un grand avantage, en ce que le poids de l'eau descendante, agit d'une manière plus directe sur les aubes, et que la puissance motrice n'est pas diminuée par le choc comme dans les roues à aubes planes [1].

Les aubes sont en tôle et forment des portions de cylindre.

Roues en-dessus ou à augets. Dans cette espèce de roue, l'eau arrive sur la partie supérieure de la roue, tombe dans les augets qui garnissent son pourtour, et la fait tourner par son propre poids. A mesure que la roue tourne ils se vident et remontent pour se remplir de nouveau.

En résumé, les poids de l'eau contenus dans les augets, sont autant de puissances situées d'un seul côté et agissant avec des bras de leviers inégaux. On peut calculer la puissance de chacun de ces bras, par la longueur de la perpendiculaire, menée de l'axe de la roue sur la verticale de ces poids.

Dans la construction des roues à augets, il est essentiel que l'auget supérieur qui reçoit le premier l'eau du déversoir, ne soit pas trop près de la ligne verticale passant par l'axe, car le poids de cette eau, pesant sur l'axe et n'agissant que par un levier trop court, nuirait plutôt qu'il n'aiderait au mouvement de la roue.

Ces roues se composent d'un tambour creux dont le contour extérieur appelé *sole*, est revêtu de douves bien jointes. Les deux côtés du tambour à partir de la sole, sont garnis de revêtements appelés *joues*; en sorte que la circonférence de la roue présente un canal circulaire. Entre ces joues, on dispose des lames de tôle qui la divisent en augets en s'étendant d'une joue à l'autre. Quelquefois ces augets sont courbés ou pliés de façon que la portion de la lame de tôle qui forme le fond de l'auget, soit perpendiculaire à l'axe de la roue.

C'est cette disposition que nous avons représentée dans la figure que nous donnons. Elle parait préférable aux autres formes d'augets.

Le bout du canal qui amène l'eau sur le sommet de la roue, est garni d'une vanne qui permet de régler la quantité d'eau déversée.

Cette quantité doit être proportionnelle à la résistance à surmonter. La vitesse de rotation la plus convenable est celle d'un mètre par seconde.

Une roue de cette espèce, construite dans les meilleures conditions possibles, donne de 0,70 à 0,80 de la force motrice.

Roues de côté. Ces roues tiennent le milieu entre les roues de dessous et les roues de dessus. Recevant l'eau un peu au-dessous du niveau de leurs axes, cette eau agit par son poids comme dans les roues de dessus, et par son impulsion comme dans les roues à aubes.

[1] M. Poncelet a développé les avantages de ces roues dans un mémoire inséré dans le Bulletin de la société d'encouragement, année 1825.

La circonférence de la roue est garnie de palettes, placées dans la direction des rayons. L'eau est amenée sur la partie inférieure de la circonférence de la roue par un canal garni d'une vanne. Des surfaces de maçonnerie affleurent les côtés de la roue, de manière à emprisonner l'eau, en sorte que son impulsion et sa pesanteur agissent entièrement sur les aubes ; ces parois de maçonnerie forment ce qu'on appelle un coursier, comme dans les roues à aubes.

Les roues de côté sont les plus avantageuses quand on a peu de chute. Elles ne rendent guères, il est vrai, que la moitié de la force des roues de dessus, mais celles-ci exigent au moins une chute de 2 à 3 mètres. Les roues à aubes méritent cependant la préférence en pays de plaine, lorsque la pente est faible et qu'on peut disposer d'une grande masse d'eau.

Tympan. Cette ingénieuse machine se compose d'une roue creuse, dont la partie inférieure plonge dans une eau courante. Elle est garnie de quatre canaux courbes dans les bouches, s'ouvrant à la circonférence de la roue, reçoivent l'eau et la conduisent, par suite du mouvement de rotation, de la roue dans un tuyau pratiqué sur son essieu. Ce tuyau la reverse à son tour dans un réservoir.

Le tympan ne peut donc élever l'eau qu'à la hauteur de son demi-diamètre, c'est-à-dire de son axe ; mais comme la roue est garnie d'aubes à sa circonférence, elle est mise en mouvement par l'eau courante, et produit directement son effet utile.

Le diamètre de la roue doit nécessairement être proportionné à la hauteur à laquelle on veut élever l'eau. Une roue de quatre mètres élèvera l'eau à deux mètres.

PLANCHE 6.

TURBINE, NORIA.

La turbine est une roue hydraulique horizontale et dont, par conséquent, l'arbre de rotation est vertical. De toutes les roues hydrauliques, les turbines sont celles qui, sous le plus petit volume, économisent la plus grande quantité d'eau. Ensuite, l'eau qui les pousse ne pèse point sur leur axe ; les vitesses variables qu'on peut leur laisser prendre ne nuisent point à leur action ; enfin, elles fonctionnent aussi bien étant complétement immergées qu'à la surface du courant.

L'appareil (fig. 1) est placé au fond d'un puits circulaire en maçonnerie, dans lequel sont établis deux planchers B B, C C. L'espace renfermé entre ces planchers forme la chambre ou réservoir de la turbine.

L'arbre D D de la turbine est enveloppé par un tuyau E, passant à travers la plaque circulaire F F, garnie d'un collet *e e*. Ce tuyau porte, un peu au-dessus du collet, une roue d'engrenage G, laquelle engrène avec trois autres roues d'un plus petit diamètre, maintenues sur le plateau E.

Au bas du puits est placée une vanne divisée en deux parties, l'une fixe et l'autre mobile. La vanne mobile H H s'élève et s'abaisse au moyen des tringles I I.

La partie fixe de la vanne, nommée *fond de vanne*, est un disque en fonte J J. Il porte au centre un moyeu *j*, qui embrasse le tuyau E, sur lequel il est solidement fixé.

Sur ce disque sont placées, à égale distance les unes des autres, vingt-quatre lames courbes et verticales *k k k k*, fig. 2. Ces courbes immobiles, nommées *courbes conductrices*, sont destinées à diriger l'eau dans les compartiments de la roue.

La partie supérieure du cylindre, ou *enveloppe-vanne* N, est garnie d'un cuir M, maintenu par un cercle en tôle. Ce cuir, faisant saillie extérieure, ferme tout passage à l'eau.

La turbine proprement dite se compose d'un fond O O en fonte, calé sur l'arbre D. Ce fond, en forme de calotte sphérique, porte un rebord circulaire divisé en trente parties par des aubes courbes destinées à recevoir l'action de l'eau. Ces aubes, perpendiculaires au disque O O, sont recouvertes d'un disque supérieur P P. Un espace circulaire, ouvert au milieu de ce disque, permet au plateau J J, ou fond de vanne, d'entrer dans la roue jusqu'un peu au-dessus de son disque inférieur, sans la toucher.

Noria. C'est une machine hydraulique composée d'un treuil ou tambour hexagone portant une chaîne sans fin. Des seaux ou augets sont attachés le long de cette chaîne et, plongeant dans l'eau, l'élèvent jusqu'à la hauteur du tambour.

Ce tambour porte six bras égaux sur lesquels la chaîne se plie. La distance entre les augets doit être proportionnée à celle qui sépare l'extrémité des bras, et les points ou charnières de flexion de la chaîne doivent être disposés suivant le même rapport, en sorte que chaque seau puisse verser, entre les deux bras, l'eau qu'il apporte dans le réservoir qui doit la contenir.

Si cet appareil est destiné à être mu à bras d'homme, le mouvement de rotation est communiqué à l'arbre par une roue dans laquelle engrène un pignon auquel on fixe une manivelle. On peut même y adapter un volant. Dans tous les cas, la longueur de la chaîne doit être proportionnée à la profondeur où se trouve l'eau, et le nombre ainsi que la grandeur des seaux à la force motrice dont on dispose.

PLANCHE 7.

POMPES.

La pompe est une machine si connue et si généralement employée, qu'on a donné son nom à une foule d'appareils hydrauliques; mais, à parler exactement, ce nom ne convient qu'aux machines dans lesquelles l'eau s'élève par un mouvement ascensionnel, soit que ce mouvement provienne du poids de l'atmosphère, comme dans les pompes aspirantes; soit qu'au poids de l'atmosphère se joigne le refoulement d'un piston, comme dans les pompes foulantes.

Ces appareils varient d'un nombre infini de manières. Nous nous bornerons ici à parler des pompes les plus usitées.

Une pompe se compose ordinairement d'un tuyau plus large appelé *corps de pompe*, dans lequel joue le piston, et de tuyaux d'un diamètre moins grand, dans lesquels l'eau s'élève. Ce corps de pompe peut être construit en cuivre, en fonte, en bois, etc. On l'embranche avec le reste de la conduite au moyen de brides de fer, de vis et d'écrous, avec interposition d'étoupes, de cuir, ou de tout autre corps mou ou flexible.

La portion du tuyau qui plonge dans le réservoir est percée de petits trous qui laissent entrer l'eau en s'opposant au passage des graviers ou autres corps étrangers. Le bout de ce tuyau est souvent fermé d'un bouchon de bois qui porte sur le sol du réservoir et soutient le poids de la pompe, concurremment avec les collets et brides de fer scellés dans la maçonnerie.

Le piston est un corps cylindrique qui joue librement dans le corps de pompe, de manière, toutefois, à ce que l'eau et l'air ne puissent passer entre la circonférence du piston et les parois du corps de pompe. C'est dans ce tuyau que le piston va et vient, au moyen d'une tige que le moteur pousse et tire alternativement. L'espace parcouru par le piston est sa *course*.

Les soupapes sont des diaphragmes mobiles, maintenus sur le côté par une charnière qui livre passage à l'eau lorsque la marche du piston a lieu dans un sens, et qui l'intercepte lorsqu'il agit en sens contraire.

Il ne peut pas y avoir moins de deux soupapes dans une pompe. Elles s'ouvrent de bas en haut, pour laisser passer l'eau ascendante et l'empêcher de redescendre. L'inférieure se nomme *soupape dormante*. L'autre, ordinairement fixée à l'orifice d'une ouverture qui traverse l'axe du piston, se meut avec lui.

Pompe aspirante. Lorsqu'on élève le piston A au moyen de la tige B, la soupape C se ferme, et l'air que renferme le corps de pompe au-dessous du piston se raréfie. alors la soupape dormante D, poussée en dessous par une atmosphère plus dense, s'ouvre; l'air du tuyau d'aspiration E se raréfie également, et l'eau du réservoir s'élève dans le tuyau d'aspiration.

Mais quand le piston a atteint le haut de sa course, c'est-à-dire les limites G, H, la soupape C, qui s'était refermée par son poids, s'ouvre de nouveau lorsqu'on fait redescendre le piston, puis se ferme lorsqu'on le remonte, augmentant ainsi toujours la dilatation de l'air contenu dans le tuyau d'ascension, jusqu'à ce que, par cette répétition du jeu du piston, cette dilatation, combinée avec le poids de l'atmosphère qui pèse sur l'eau du réservoir, ait élevé une portion de cette eau jusque dans le corps de pompe, au-dessus du piston, qu'elle traverse par son orifice.

Il est facile de concevoir que, tant que l'eau est au-dessous du piston, la force motrice n'a à surmonter que la pression atmosphérique représentée par cette colonne; mais quand l'eau a dépassé le piston, c'est le poids de cette nouvelle colonne, plus celui de la colonne inférieure, qu'elle doit supporter.

Il faut remarquer que le poids de l'atmosphère étant en équilibre avec la hauteur de 10 mètres 4 décimètres (32 pieds), l'eau ne peut s'élever au-dessus de ce point dans le tuyau d'aspiration; et même, à cause de l'imperfection des appareils, il faut se borner à 8 ou 9 mètres.

Le point le plus haut de la course du piston doit donc être, au plus, à 9 mètres au-dessus de la surface du réservoir qui alimente la pompe.

Il est essentiel que le piston descende très-près de la soupape dormante, et que celle-ci soit à 9 mètres au plus au-dessus du niveau du réservoir.

Une fois que l'eau est montée au-dessus de la tête du piston, l'écoulement devient continu.

Pompe foulante, fig. 2. L'appareil est immergé jusqu'à la ligne H I. Le piston plein A reçoit un mouvement alternatif par la tige B. Lorsqu'il est en haut de sa course, l'eau est entrée dans le corps de pompe en soulevant, par l'effet de sa pression, les soupapes F et G. Lorsqu'elle a atteint le niveau H I, le piston descend et refoule l'eau qui, ne pouvant sortir par les ouvertures que recouvre la soupape dormante F, entre dans le tuyau d'ascension J, où elle s'élève jusqu'à son dégorgeoir.

Lorsque le piston remonte de nouveau, la colonne d'eau qui pèse dans le tuyau J s'oppose à l'ouverture de la soupape G, en sorte que l'eau contenue dans ce tuyau ne peut s'échapper et s'augmente à chaque coup de piston.

Pompe foulante, fig. 3. Ici le piston et le corps de pompe sont noyés dans l'eau. Le piston est mis en mouvement par une tige B tenant à un châssis E F G, formant ce qu'on nomme un *étrier*. Dans l'état normal, l'eau soulève le piston H et pénètre dans le corps de pompe B C, où elle prend son niveau. Mais lorsque le piston s'élève dans le corps de pompe, la pression de l'eau referme la soupape, tandis qu'une autre soupape D, placée plus haut, livre passage à l'eau refoulée, qui monte dans le tuyau ascensionnel I, et maintient la même soupape fermée par son poids, lorsque le piston descend de nouveau.

L'action de l'atmosphère n'est pour rien dans les pompes foulantes, et leur effet n'est pas limité à trente-deux pieds comme dans les pompes aspirantes.

Pompe aspirante à double mouvement sans frottement, fig. 4. Cette pompe, qu'on appelle aussi *pompe des prêtres*, est pourvue d'un balancier G G fixé à un tambour F, lequel porte une chaîne *cc* tirant alternativement les tiges D, D, des deux pistons, en sorte que l'un monte lorsque l'autre descend. Cet appareil est muni de deux corps de pompe A, A; mais ce qui le rend remarquable, c'est la manière dont le piston est composé. Chaque corps de pompe est formé de deux pièces jointes, à rainures et à languettes, aux points B, B. On pince dans la jointure les bords d'un manchon en cuir très-flexible *ii*, et dont la circonférence embrasse celle du corps de pompe. L'autre bout du manchon est serré entre deux plaques parallèles fixées à l'étrier D et portant les soupapes *h*, *h*. Le tuyau d'aspiration E communique avec les corps de pompe au moyen de deux ouvertures garnies des soupapes *f*, *f*.

Lorsque le mouvement de bascule fait monter l'un des pistons et descendre l'autre, les manchons de cuir prennent des formes, l'une convexe, l'autre concave : le premier, ayant ses soupapes fermées, aspire l'eau ; le second les ayant ouvertes, l'eau pénètre au-dessus. L'eau, qui dépasse bientôt les corps de pompe, se rend dans un réservoir par les déversoirs J, J.

Pistons métalliques, fig. 5 et 6. Ces pistons sont particulièrement convenables pour les corps de pompe alésés. Autour d'un noyau central G sont les trois segments de cercle A, B, C, complétant, par leur réunion, la circonférence entière du cercle. Dans les espaces angulaires qui sont entre eux, on introduit les coins D, E, F. Ces pièces triangulaires achèvent de remplir le vide. Ces triangles sont poussés au dehors par un ressort en boudin qui tend à les écarter de l'axe ainsi que les segments, en sorte que ceux-ci pressent les parois des corps de pompe. On a deux appareils en tout semblables qu'on place l'un sur l'autre, en sorte que les joints de l'un répondent aux pleins de l'autre. Le tout est maintenu entre deux rondelles.

PLANCHE 8.

PRESSE HYDRAULIQUE.

L'invention de cette presse est fondée sur le théorème de Pascal : « Lorsqu'un vase est hermétiquement clos et rempli d'eau, si l'on pratique deux ouvertures circulaires aux parois, pour y introduire deux pistons à bases inégales quelconques et ayant leurs axes dans des directions arbitraires, lorsque deux forces agiront sur ces pistons, elles seront en équilibre quand elles seront dans le rapport des bases. Si le vase est pourvu de cent pistons égaux poussés par cent forces égales, l'équilibre existera encore, en sorte qu'une seule de ces forces suffit pour faire équilibre aux quatre-vingt-dix-neuf autres ; et si l'on réduit toutes ces dernières à une seule force égale à leur somme, et leurs pistons à un seul dont la base soit la somme des bases, la première force résistera à cette dernière et fera équilibre à une puissance quatre-vingt-dix-neuf fois plus grande, agissant sur une base quatre-vingt-dix-neuf fois plus étendue. »

A Plateau de la presse, sur lequel on met les objets à presser.
B Chapeau de la presse.
CC Jumelles solidement boulonnées avec le chapeau.
D Corps de pompe.
E Piston.
F Petit corps de pompe d'injection.
G Piston de ce corps de pompe. Il est guidé par la tige *i*, entrant dans l'œil du support *h*.
H Levier servant à manœuvrer le piston G, lequel prend son point d'appui en J ou en K, suivant la résistance qu'il faut vaincre.
I Bâche ou réservoir du corps de pompe.
J Tuyau d'injection.
K Soupape de sûreté.
a Boîte à cuir.
b Soupape d'aspiration.
c Crapaudine plongeant dans le réservoir I, pour empêcher que des corps étrangers puissent monter avec l'eau.
d Tampon à vis, dont le bout inférieur est garni de deux cuirs emboutis.
e Soupape de jonction du tuyau d'injection. La vis *f* en règle l'action.
g Vis servant à dépresser. Elle ouvre une issue à l'eau, qui retombe dans la bâche ou réservoir.

L'eau, refoulée dans le corps de pompe D par le tuyau J, produit une pression sur la base du piston E, et la puissance, ainsi qu'on peut le déduire du théorème de Pascal, suit le rapport des bases multiplié par la différence entre les deux bras du levier H.

Il faut remarquer qu'ici, de même que dans toutes les machines, pour qu'une petite puissance résiste à une grande, l'espace parcouru par la première est en raison inverse de sa force. Ainsi, pour élever de très-peu le plateau de la presse, il faut un très-grand nombre de coups de piston. Lorsque la résistance s'accroît, on augmente la longueur du levier en plaçant l'axe de ce levier de *j* en *k*.

La presse hydraulique peut donner des pressions équivalant au poids de deux cent mille kilogrammes et au delà.

BÉLIER HYDRAULIQUE.

C'est au célèbre Montgolfier, d'Annonay, que l'on doit cet ingénieux appareil hydraulique, dont le but est d'élever l'eau d'un réservoir par le choc de l'eau elle-même et le jeu des soupapes.

L'eau, coulant dans le tuyau horizontal A et trouvant la soupape B ouverte, s'échappe avec rapidité ; mais de nouvelle eau, sur laquelle presse une colonne égale à la hauteur du réservoir d'où elle est tirée, arrive par le tuyau A. Sa rapidité, accrue par la chute de l'eau précédente, agit en tous les sens sur les parois du tuyau et ferme la soupape B. L'eau, trouvant cette issue fermée, monte alors dans le tuyau C, dont l'extrémité est également fermée ; mais le choc de cette eau, poussée par toute la force de la colonne ascendante, ouvre la soupape D, et l'eau pénètre dans le réservoir E.

Cette évolution se répète chaque fois que la soupape B ouvre de nouveau passage à l'eau. Dès que l'eau est arrivée en assez grande quantité dans le réservoir pour baigner l'orifice F du tuyau d'ascension, l'air que renferme ce réservoir se comprime de plus en plus à chaque introduction d'eau nouvelle ; il presse le liquide et le force à s'élever, sans interruption, dans le tuyau d'ascension G. Mais cet air, dont une partie est chaque fois entraînée par la colonne d'eau ascendante FG, ne tarderait pas à s'épuiser si une soupape *h*, s'ouvrant de dehors en dedans, n'en introduisait à chaque coup une certaine quantité.

En résumé, l'eau s'élève dans le bélier hydraulique par une succession alternative de chocs qui ouvrent et ferment les soupapes ; chaque fois on entend le bruit d'un choc semblable à un coup de marteau. Cette machine, peu coûteuse, ne demande presque aucun entretien, et produit d'excellents effets lorsque toutes ses parties sont bien proportionnées.

PLANCHE 9.

BALANCIERS HYDRAULIQUES.

On donne ce nom à un mouvement de bascule produit par un courant d'eau. C'est à Perrault, le célèbre architecte du Louvre, qu'on doit cette idée. Il forme un moteur qui a pour puissance le poids de l'eau que peut contenir la caisse A, multiplié par la longueur du bras de la bascule.

Le balancier de M. d'Artigues est composé d'une bascule portant à chaque extrémité un seau cylindrique percé latéralement près du fond, et pouvant monter, descendre et remonter dans une sorte de puits ou fourreau cylindrique, juste mais sans frottement. Quand l'un des seaux arrive en haut, le balancier soulève une vanne, livre passage à l'eau, et en un instant le seau est rempli. L'eau qu'il contient ne peut s'échapper par l'ouverture latérale dont nous avons parlé, parce que cette ouverture est bouchée par les parois du fourreau, contre lesquelles elle s'applique; mais en descendant, cette ouverture se trouve vis-à-vis de la fenêtre A, et toute l'eau que contient le seau se dégorge dans un canal. On obtient ainsi un mouvement perpétuel de va-et-vient.

Autre Balancier. Ce balancier est construit sur le même principe que le précédent : l'eau s'échappe du seau lorsqu'il est descendu, soit parce qu'une corde de longueur constante fixée à sa soupape la soulève, comme en A; soit parce que cette soupape s'ouvre au moyen d'une queue B, dès que celle-ci touche la terre.

Le levier C soulève la soupape, qui ferme le réservoir quand il rencontre une partie saillante D fixée sur la soupape du seau.

VIS D'ARCHIMÈDE.

Cette ingénieuse machine, que l'on doit aux anciens, sert à élever l'eau et surtout à faire des épuisements. C'est un arbre entouré d'une hélice formée de douves, et le tout enveloppé d'un tuyau cylindrique ouvert aux deux bouts. L'arbre, l'hélice et l'enveloppe ont le même axe, qui est celui de rotation. L'extrémité de la vis est plongée dans l'eau à épuiser, qui s'élève, en suivant le pas de la vis, jusqu'à l'ouverture supérieure, où elle se décharge dans un déversoir.

Les deux extrémités de l'axe de la vis d'Archimède sont supportées par un châssis de bois; l'extrémité supérieure porte une manivelle.

ROUE A RÉACTION.

On donne le nom de *roues à réaction* aux machines complétement mobiles, dans lesquelles l'eau qui y est contenue en sort avec un effort dépendant de la hauteur de la chute, réagit sur les parois opposées aux orifices de sortie, et, par suite, oblige la machine au recul et donne le mouvement de rotation.

Elles se composent de deux tubes renflés dans le milieu, courbés en S et maintenus parfois par deux barres en fer qui empêchent la machine de se disjoindre.

L'eau arrivant d'un réservoir très-élevé, tel que R, par un tuyau vertical A A recourbé sous la machine, et, venant aboutir au centre C, s'introduit dans les deux tubes et en sort avec une très-grande rapidité.

CAGNARDELLE.

La cagnardelle est une application de la vis d'Archimède, comme machine soufflante à l'usage des forges et des fonderies. Elle fait ordinairement six tours par minute, et donne neuf cent soixante pieds cubes d'air dans le même temps. Elle peut faire marcher vingt feux de forges et deux fourneaux, qui mettent 30,000 kilogrammes de gueuse en fonte en vingt-quatre heures. Elle est mise en mouvement par une machine à vapeur de la force de deux chevaux.

A Axe de cette machine.
B Cylindre enveloppé en tôle, formant le corps de la vis.
C Pignon qui communique le mouvement qu'il reçoit du moteur à la grande roue d'angle.
D Grande roue d'angle qui reçoit son mouvement du pignon. Elle est fixée au corps de la vis.
E Tuyau dont l'embouchure est toujours au-dessus du niveau N, afin de conduire au porte-vent, sans entraîner de l'eau, l'air refoulé par les quatre spirales de la vis.
F Tube central pour la circulation de l'eau.
H Tube soudé au tuyau courbé pour recevoir l'eau entraînée par la rapidité de l'air.
I Maçonnerie contenant l'eau dans laquelle la vis est plongée.

PLANCHE 10.

CRICS.

Sorte d'appareil servant à soulever des fardeaux. Le pignon A (fig. 1re) est mis en mouvement par la manivelle figurée en B à la première figure. Il engrène la grande roue C, dont le pignon D fait monter la crémaillère E. Cette crémaillère soulève le poids que l'on applique à l'extrémité F ou sur le talon I de la crémaillère (fig. 3). Le tout est fixé dans une chape de bois très-solide et renforcée par des frettes en fer.

Lorsque l'effet demandé est produit, le poids ferait redescendre la crémaillère; mais la roue à rochet G et le cliquet H empêchent le pignon de tourner en sens contraire, et permettent à la puissance de se reposer.

Cric a vis. Ici la crémaillère est remplacée par une forte vis A, dont le pas est engagé dans le plateau circulaire et taraudé B. La circonférence de ce plateau, dentée obliquement, est commandée par une vis sans fin dont on aperçoit les axes aux points *d, d*. Cette vis sans fin porte une manivelle.

La puissance étant appliquée à la manivelle, la vis sans fin fera tourner horizontalement le plateau denté B, lequel fera monter la vis A, dont il forme l'écrou.

MACHINE A DOUBLE VIS.

Les vis A et B ont leurs pas tournés dans des sens opposés. Leurs bases sont les deux roues dentées C, D, de même diamètre et s'engrenant réciproquement. L'axe des vis tourne librement dans les carrés.

Lorsque la puissance appliquée à la manivelle E fait tourner la vis B, la vis A tournera en même temps, et le plateau F, qui traverse les vis et qui est taraudé du même pas, montera ou descendra, suivant le sens qu'on donnera au tour de manivelle, mais toujours parallèlement au chapeau G et avec une force représentée, sauf le frottement, par la différence de longueur entre la manivelle et le demi-diamètre de la vis.

MACHINE A TAILLER LES GRANDES VIS.

A est le cylindre sur lequel on veut tracer une hélice, B une roue dentée ayant le même axe que le cylindre, C un cylindre taillé en vis menant l'écrou H, lequel porte un crayon ou un burin propre à tracer l'hélice sur le cylindre A. — L'axe E du cylindre taillé en vis porte également une roue dentée F.

En tournant la manivelle G, la roue F transmettra, par la roue B, un mouvement de rotation au cylindre A, en même temps que l'écrou porte-burin, dont l'extrémité inférieure glisse dans une rainure pratiquée sur la traverse I, s'avancera de C en D et tracera l'hélice.

VIS MICROMÉTRIQUE A DOUBLE PAS DE PRONY.

Cette ingénieuse disposition de la vis sert utilement dans les machines à diviser les lignes droites, etc.

A B est un arbre divisé en trois parties *aa*, *bb*, *cc*. Les deux vis *aa* et *cc* ont le même pas et traversent les deux supports C, D, garnis d'écrous. Cet arbre se meut horizontalement au moyen d'une manivelle, et parcourt à chaque révolution un espace égal au pas des vis *aa* et *cc*.

Une troisième vis *bb* a un pas un peu plus long ou un peu plus court. Elle porte l'écrou E, dont la base glisse dans une rainure que porte la traverse F.

A chaque révolution, cet écrou intermédiaire parcourt un espace égal au pas de sa vis, en sorte qu'il participe à deux mouvements opposés, celui de translation de l'arbre et celui de sa propre vis, et qu'il ne décrit qu'un espace égal à la différence des deux mouvements, ou, en d'autres termes, à la différence des pas de vis de *bb* avec *aa* et *cc*.

Comme il est difficile d'obtenir des vis parfaitement régulières, et que cependant celle *aa* doit être parfaitement semblable à *cc*, on peut remplacer l'une des deux par un simple collet, et l'effet différentiel produit sera le même.

PLANCHE 11.

GRUE DYNAMOMÉTRIQUE, DE MM. LASSERON ET LEGRAND.

Cette machine a l'avantage de s'équilibrer elle-même au moyen de son double bras, et de faire connaître le poids des objets enlevés.

Les bras se composent de deux flasques en fonte A, s'appliquant contre la face intérieure des montants en fonte B, avec lesquels ils sont boulonnés. Ces montants forment des espèces de pilastres méplats, réunis par une forte plaque de fonte à équerre.

Cette même plaque de fonte porte, dans son milieu et en dessous, un renflement creusé en forme de douille, pour recevoir un pivot acéré fixé sur le sommet de la borne conique C, qui supporte toute la machine. Elle est fondue avec la grande plate-forme carrée D, qui sert de base à l'appareil, et qui est elle-même portée sur quatre roues de fonte. Les vis de rappel *dd* servent à régler le nivellement des roues, afin qu'elles puissent, toutes les quatre, porter également sur une sorte de chemin de fer, disposé dans l'usine suivant la direction convenable.

Le treuil appliqué à cette grue est semblable aux appareils adaptés aux autres machines de ce genre. Ainsi, on y emploie un double engrenage, afin qu'un homme seul puisse enlever d'assez fortes charges. Le pignon E commande la roue F, dont l'axe porte un autre pignon engrenant avec la grande roue G, montée sur l'axe du treuil H. Celui-ci est un tambour cylindrique, autour duquel s'enroule la chaîne I, qui doit porter la charge.

On obtient l'équilibre constant de la grue au moyen de la masse en fonte J, formant un poids fixe, mais qui tendrait à renverser la grue, si un autre poids K ne pouvait se promener, comme un chariot, sur toute la longueur des bras. Dans l'état de repos, le contre-poids K reste naturellement à l'extrémité du bras droit, afin de faire contre-poids à la masse J. Mais lorsqu'on soulève une charge, la corde *i*, fixée à ce contre-poids et passant sur la poulie I, le rapproche du poids fixe J, d'une manière proportionnelle à la pesanteur de la masse à enlever, en sorte que l'équilibre subsiste toujours. Cet effet est obtenu par le levier à deux branches L, sur lequel agit, au moyen de la poulie M, la pesanteur de la chaîne, ou plutôt du fardeau qu'elle supporte. A l'extrémité du levier est une corde *m*, enroulée autour d'un tambour placé sur l'axe de la roue N. Cette roue ne peut tourner sans tirer la corde *i*, fixée sur un point de sa circonférence, et sans faire marcher le contre-poids K vers J.

Le système dynamométrique, appliqué à cette grue, est d'une grande simplicité. C'est une romaine O, dont l'axe ou le point de suspension est en *o*. La chaîne du fardeau passe sur la poulie P, dont l'axe est suspendu au bras le plus court du levier. L'autre bras se termine par la tringle *pp*, attachée au levier *q*. Ce levier supporte le crochet *r*, auquel on suspend les poids nécessaires pour peser le fardeau.

Un autre mécanisme sert à équilibrer le poids de la chaîne, poids plus ou moins grand, suivant qu'elle descend ou remonte. — On y est parvenu au moyen de la chaînette *ss*, s'enroulant sur un second treuil ou rouleau *v*, placé sur l'axe de la roue G, et passant sur la poulie à bascule M et sur les poulies de renvoi *tt*.

A l'extrémité de cette chaînette pend un contre-poids *u*. Le poids de la chaînette étant en rapport avec celui de la grande chaîne, la portion de ce poids que supporte la romaine agit sur elle, et équilibre exactement celui de la chaîne développée.

TREUIL.

Treuil servant à monter le lustre du théâtre des Italiens :

A Tambour.
B Axe ou arbre sur lequel est montée la grande roue C, qui reçoit son mouvement du pignon D, au moyen de la manivelle double E E'.
C Grande roue.
D Pignon.
E Manivelle.
F Roue d'encliquetage.
G Frein.
H Double frein.
I Contre-poids pour équilibrer et maintenir le frein.
K Levier du frein.
L Levier du double frein.
M Corde s'accrochant et s'enroulant au tambour A.
N Barres ou tirants pour maintenir le treuil au plancher.
O Entretoise d'écartement des deux bâtis en fonte.
P Plancher.

PLANCHE 12.

GRUE EN FONTE DE LA GARE DE SAINT-OUEN.

Cette grue fixe transporte, sur un point donné de la circonférence qu'elle décrit en tournant sur son axe, les fardeaux qu'elle soulève au moyen de la force de l'homme multipliée par des engrenages. Sous le rapport de l'élégance et de la solidité, c'est un modèle parfait.

Elle est établie sur un massif de maçonnerie A d'une grande solidité. Un puits B donne les moyens de descendre dans la galerie C, faisant le tour de la base de la grue.

A la partie supérieure du massif est placé le patin D, en fonte et d'une seule pièce, supportant tout l'appareil. Il est maintenu sur le massif par six grands boulons *cc*.

L'arbre E de la grue est une colonne ou cylindre creux en fonte, et dont la partie inférieure s'engage dans toute la profondeur de l'ouverture du patin. La base et le chapiteau de cette colonne sont mobiles et peuvent tourner autour.

Le mouvement de la base, ou bague inférieure, est facilité par des galets *aa* (fig. 4 et 5), qui affleurent la surface du cylindre.

Le chapiteau, également tournant autour de l'arbre, est une pièce d'autant plus importante qu'elle transmet à l'arbre tout le poids des bras de la grue et des fardeaux à soulever. Elle se divise en trois parties, savoir : la pièce de l'arbre *bb* (fig. 6), alésée et embrassant le tourillon *e* de l'arbre; la pièce des flasques (fig. 7), dans l'intérieur de laquelle on remarque le boulon *g*, portant sur la crapaudine *h*, et destiné à soulever tant soit peu la pièce *b* de dessus son embase *i*, afin d'en faciliter la rotation, en sorte que l'extrémité arrondie de ce boulon ou pivot supporte tout le poids de la machine qui pivote dessus.

La pièce de la traverse *j* forme la cage carrée que forme la pièce des flasques. Elle soutient la grande traverse de fer FF, qui maintient et relie les deux bras G G' de la grue.

Ces deux bras sont solidement boulonnés à la bague supérieure et à la bague inférieure.

Deux systèmes d'engrenages sont employés pour la transmission du mouvement. Celui du bras gauche G est destiné aux petits fardeaux, et celui du bras droit G' aux fardeaux considérables.

Le frein, dont le levier est en *k*, sert à modérer et régler l'action de la descente du fardeau.

Trois hommes suffisent pour manœuvrer cette grue : deux aux manivelles et un au frein.

PLANCHE 13.

GRUE MOBILE ET DYNANOMÉTRIQUE.

Cette belle machine, créée par M. Decoster, se compose d'une caisse A, à laquelle sont adaptés, par des supports, des galets B, sur lesquels roule la plaque C, portant elle-même les engrenages, le treuil E et la flèche D. Cette flèche, maintenue à l'une de ses extrémités par la chape F, l'est encore à l'autre au moyen des deux tringles en fer K, qui viennent se rattacher sur le derrière de la seconde caisse M, destinée à contenir un lest capable de faire équilibre au poids que l'on veut soulever.

Sur l'axe de la poulie N, qui reçoit la corde du treuil, est fixée la balance ou romaine R, dont l'extrémité O supporte un plateau sur lequel on met les poids. A l'autre extrémité pend la chaîne S, dont le double crochet sert à enlever le fardeau. Le poids exact de ce fardeau est connu, au moyen de la romaine R, par la valeur des poids mis dans le plateau.

PLANCHE 14.

GROS TOUR A DOUBLE PORTE-OUTILS POUR TOURNER LES ROUES DE LOCOMOTIVES ET WAGONS, PAR M. DECOSTER.

Cette machine sert à tourner à la fois les deux roues montées sur leurs essieux. Elle se compose d'une douille en fonte qui porte, à ses deux extrémités, une roue d'engrenage B. Une portion de la jante de ces deux roues et de la douille peut s'enlever pour livrer passage à l'essieu de la roue de wagon. Une vis de rappel et des coussinets E emboîtent l'essieu, qu'on a placé entre les deux pointes D, et servent à le centrer ; puis, par le mouvement que transmet le cône moteur, on fait tourner les roues et agir mécaniquement, par les poulies N, les supports K, qui portent les outils.

PALIERS GRAISSEURS (*système Decoster.*)

Le palier graisseur présente d'immenses avantages dans les grands établissements pour les transmissions de mouvements. Un réservoir A, rempli d'huile, existe au-dessous des coussinets (fig. 3 et 4). Une chaîne sans fin, recevant son mouvement d'une embase réservée au milieu de l'arbre, traverse l'huile du réservoir, et, la faisant remonter, la répand dans toute la longueur du collet.

Les figures 1 et 2 présentent un autre système, dans lequel la chaîne sans fin n'est pas employée.

PLANCHE 15.

CISAILLES.

Cette machine, construite par M. Decoster, présente deux poulies motrices pour communiquer le mouvement, un volant pour le régulariser, un pignon et une roue pour le transmettre, au moyen du manchon à débroyage A, à l'arbre horizontal B. Cet arbre est excentré à son extrémité, et cette excentricité imprime au coulisseau C un mouvement de va-et-vient vertical. La cisaille supérieure étant fixée au coulisseau, et la cisaille inférieure au bâti de la machine, on conçoit facilement comment on peut couper les pièces que l'on présente.

Par une disposition appliquée à toutes ces machines, on peut substituer aux deux cisailles un poinçon et une matrice, ce qui constitue un *débouchoir*.

PLANCHE 16.

MACHINE A TARAUDER.

Cette machine, due également à M. Decoster, est faite spécialement pour tarauder les petites pièces. Voici de quoi elle se compose :

Un arbre creux A porte, à l'une de ses extrémités, une paire de coussinets B. Cet arbre reçoit le mouvement, tantôt à gauche et tantôt à droite, par les roues de l'arbre intermédiaire C, que commande alternativement le manchon D fixé sur le même arbre (les roues de l'arbre intermédiaire étant folles).

La pièce à tarauder se trouve fixée entre les mordaches du support F, qui glisse sur les tringles en fer K.

PLANCHE 17.

MARTEAU-PILON DU CREUSOT.

Cette belle machine, qui figurait à l'exposition de 1844, a été construite dans les ateliers de MM. Schneider frères. Il est destiné à remplacer les martinets, et présente sur eux l'avantage de donner un choc plus ou moins fort, suivant que la pièce à forger le demande. Le marteau du Creusot, soulevé par l'effet immédiat de la vapeur jusqu'aux limites de sa course, retombe, et c'est là son plus fort choc; mais on peut modifier à volonté la puissance de sa chute, en introduisant la contre-vapeur à certains endroits de la course du piston.

Description de la machine. Sur une plaque de fondation en fonte, portant l'enclume, s'ajuste un bâti également en fonte et d'une seule pièce. Un mouton en fonte d'un poids considérable, et à la partie inférieure duquel s'ajuste une panne de marteau en acier, peut manœuvrer de haut en bas et de bas en haut, guidé par des coulisses. Au-dessus du bâti s'élève un cylindre à vapeur à effet simple, dans lequel la vapeur agit de bas en haut seulement. La tige du piston est attachée au mouton, en sorte que, lorsque le piston s'élève dans le corps de pompe, par l'effet de la vapeur qu'on y introduit, le mouton monte en même temps; mais, en arrivant au point le plus élevé, il relève, au moyen de deux tringles qui lui sont fixées, le tiroir d'introduction de la vapeur : la vapeur de dessous le piston est alors en communication avec l'air ambiant, la pression cesse et le marteau retombe.

Cette machine est si facile à manœuvrer qu'un seul homme suffit pour la conduire : il dirige d'une main le levier d'introduction de la vapeur, et du pied il appuie sur une pédale qui commande un frein à l'aide duquel il peut diminuer ou même détruire le choc du marteau.

A Plaque de fondation.
B Enclume.
C Mouton.
D Panne de marteau en acier.
EE Bâti en fonte.
F Cylindre à vapeur.
G Tige du piston fixée au mouton.
H Tuyau d'arrivée de la vapeur.
I Tuyau de sortie de la vapeur.
JJ Tringles qui effectuent le relevage du tiroir et que commande la vapeur.
K Ressort destiné à faire baisser le tiroir, lorsque les tringles JJ ont cessé d'agir.
L Levier pour l'introduction de la vapeur.
M Pédale du frein.
N Parquet en fonte.
O Balustrade.
P Tirants en fer supportant le parquet.

CISAILLES EN FONTE.

La forme de cette machine est assez généralement connue.

A et B sont les deux branches en fonte des cisailles. La première est fixe et la deuxième est mobile, à l'aide d'un axe coudé C, animé par un volant pesant de 350 à 400 kilogrammes. Les mâchoires coupantes E E sont garnies de tranchants d'acier rapportés avec des boulons, en sorte qu'on peut les remplacer à volonté.

Lorsqu'on veut couper des barres de fer à une longueur déterminée, on se sert de l'arrêt F, dont on règle la longueur en conséquence.

g est une barre de fer présentée aux cisailles.

PLANCHE 18.

LAMINOIR.

Le laminoir est une machine composée de deux cylindres d'acier ou de fonte de fer, dont la surface, parfaitement polie, est d'une grande dureté. C'est entre ces cylindres qu'on opère le laminage des métaux, c'est-à-dire qu'on les réduit en tables ou lames plus ou moins minces.

Les grands laminoirs sont mus par un moteur puissant, soit l'eau ou la vapeur.

Dans tous les cas, les tables des deux cylindres d'un laminoir quelconque doivent être parfaitement égales en diamètre et en longueur. Les deux cylindres sont placés dans une cage de fer ou de fonte et sont maintenus, l'un au-dessus de l'autre, dans un même plan vertical passant par leurs axes : l'inférieur pose et tourne dans des coussinets fixes en cuivre; le supérieur, qui tourne également dans des coussinets de cuivre, a la faculté de s'élever et de s'abaisser, de manière à rendre plus ou moins grand l'intervalle des cylindres. C'est au moyen de deux vis de pression que ce mouvement s'opère, en les faisant agir simultanément, afin de conserver le parallélisme des cylindres.

Dans les grands laminoirs, ces vis sont manœuvrées isolément. Dans les petits laminoirs, les vis de pression sont assujetties à se mouvoir simultanément par trois roues d'engrenage, dont deux égales sont fixées sur les écrous des vis, et la troisième, sur le milieu de la traverse, commande les deux autres et les fait tourner dans un sens ou dans l'autre.

Pour fabriquer des barres de fer rondes, carrées ou de toute autre forme, on se sert de *cylindres forgeurs*, dont la surface est creusée en demi-gorges qui se trouvent exactement en face l'une de l'autre. On fait passer successivement les barres dans des gorges décroissantes, et l'on réduit le métal à la forme et à la dimension désirées.

AB Cylindres lamineurs.
CC Vis de pression.
D Clef pour manœuvrer les vis de pression.
EEEE Manchons qui réunissent bout à bout les axes des cylindres.
FF Roues dentées donnant aux cylindres des vitesses égales et contraires, lorsque le moteur fait tourner l'une d'elles.
GG Piliers en fonte soutenant les coussinets.
HH Piliers supportant les arbres.

MARTEAU FRONTAL.

Dans les grandes usines à fer, indépendamment des cylindres forgeurs, on a de gros marteaux d'un poids considérable, mus par une roue hydraulique ou par la vapeur, et frappant depuis deux cents jusqu'à cinq cents coups par minute. La tête de ces marteaux est de forme variable, de même que celle de leurs enclumes.

Ces marteaux sont mis en mouvement par des cames implantées et tenues, avec des coins de bois, dans des mortaises pratiquées sur le contour d'un très-fort manchon de fonte qui embrasse l'arbre de la roue hydraulique.

A Arbre du moteur qui reçoit la roue à cames C.
B Cames. Il y en a quatre, sur la circonférence, qui viennent soulever le marteau D.
D Marteau complétement en fonte, soulevé, par son extrémité nommée *front*, par les cames.
E Tourillons sur lesquels le marteau tourne.
F Panne du marteau.
G Table de l'enclume encastrée dans la pièce H.
I Fondations sur lesquelles repose le marteau.

La panne du marteau est disposée en trois parties : la première sert à cingler les loupes; la seconde à parer le fer, et la troisième est affectée à l'étirage.

La table est disposée d'une manière semblable.

BANC A TIRER.

On sait que les fils de fer, de cuivre, d'acier, etc., se font en passant des barres métalliques dans des filières successivement décroissantes. L'appareil employé pour obtenir cet effet s'appelle *banc à tirer*. C'est, au reste, une machine d'une grande simplicité. Celle que nous avons figurée, dans la planche 18, a été perfectionnée par M. Decoster.

La roue dentée A est commandée par le pignon B, lequel est solidaire avec la roue C, en communication avec le moteur. L'axe de cette roue porte une poulie sur laquelle tourne la chaîne sans fin D, que l'on peut tendre au moyen de la vis E. Cette vis sans fin entraîne la tenaille F, qui saisit le bout du fil métallique et l'oblige à traverser la filière G.

PLANCHE 19.

BALANCIER MONÉTAIRE.

Cette belle machine a reçu beaucoup de perfectionnements depuis un certain nombre d'années, et, quoique aujourd'hui elle soit en partie remplacée par la presse monétaire de M. Thonnelier, elle occupe encore un rang trop important dans l'industrie pour la passer sous silence.

La principale pièce du balancier est une vis A en fer, mais dont la base B est rapportée et en acier trempé. Les filets sont carrés et au nombre de trois, pour diminuer l'usé et le ballottage. Une barre CC (fig. 2 et 3)[1], percée au milieu d'un trou hexagone *c*, reçoit la tête de la vis, taillée en prisme hexagone du même calibre; des boules en cuivre, creuses et remplies de plomb (fig. 4), terminent les extrémités de cette barre. Des hommes agissent, à l'aide de cordes, sur ces masses terminales, lui impriment un mouvement de va-et-vient, qui fait monter et descendre la vis dans son écrou en cuivre DD. Cet écrou est fixé dans la chemise EE du balancier, au moyen d'un pas de vis triangulaire *dd*. Lorsque la vis descend, elle rencontre le tampon d'acier F, dont nous allons voir l'usage, et la réaction due à l'élasticité, jointe à la pente considérable des filets de la vis, la fait remonter et ramène la barre CC à sa position primitive, après avoir frappé un flan.

Voyons actuellement comment s'opère la frappe.

G est le coin supérieur, H le coin inférieur, I une pièce d'acier dont la base présente une portion de sphère. C'est la rotule qui reçoit le coin inférieur; et comme, par sa forme, elle peut prendre des positions diverses sur le tas J, qui la reçoit dans une cavité arrondie, le flan, eût-il quelque inégalité d'épaisseur, est toujours frappé d'une manière égale.

Chaque fois que la vis A remonte, le tampon F et le coin supérieur G suivent son mouvement au moyen de la boîte coulante HH, chassée par les ressorts à boudin *hh*. La semelle inférieure *i* remonte en même temps, parce qu'elle est tirée en haut par les tiges verticales J J, solidaires avec la semelle supérieure K.

Il est déjà facile de voir que le flan reçoit à la fois, par le choc de la vis, la double empreinte des deux coins. L'espace que doit occuper le flan est entouré d'une virole

[1] On n'a représenté, dans ces deux figures, que la partie centrale de la barre, qui est d'une trop grande longueur pour être figurée en entier.

d'acier *gg*, destinée à imprimer le cordon et à maintenir la pièce dans les dimensions prescrites. L'opération du dévirolage s'opère par le mouvement même de la machine.

Il en est de même pour les mouvements du posoir, engendrés sous l'influence de la maîtresse vis. Le posoir (fig. 4) est une plaque de fer percée d'un trou M destiné à recevoir le flan, et qui, ayant son axe de rotation en *l*, se transporte horizontalement en arrière pour recevoir le flan, puis en avant pour le glisser au-dessus de la virole *gg*, en chassant en même temps la pièce qui vient d'être frappée, au moyen d'un croissant qui garnit son bord antérieur.

La masse du balancier est traversée à jour par une espèce de voûte LL nommée chapelle, et où se fait le service du monnayeur qui place les flans sur le posoir.

Cette opération, qui se faisait autrefois en posant directement le flan sur le coin inférieur, donnait lieu à de graves accidents.

En faisant manœuvrer la barre par douze ou quatorze hommes, on peut frapper deux mille pièces de 5 francs par heure. Les pièces de 25 et 50 centimes, et même de 1 franc, sont frappées avec une vitesse prodigieuse : six à huit hommes, donnant cent vingt coups par minute, peuvent frapper près de quatre-vingt mille pièces de 50 centimes dans une journée de onze heures.

PRESSE MONÉTAIRE DE M. THONNELIER.

M. Francœur, dans un rapport adressé à la Société d'Encouragement sur la machine monétaire de M. Thonnelier, rend le plus éclatant témoignage au mérite de cette machine, qui réunit l'économie à la perfection du travail et à la conservation des hommes et de l'appareil, car si la machine à balancier, dont nous venons de parler, est une heureuse invention, surtout depuis les améliorations qu'elle a reçues de l'habile mécanicien Gengembre, on ne peut se dissimuler ses inconvénients : « d'abord la percussion, semblable à un violent coup de marteau, ébranle l'assemblage, détruit les coins et épuise les ouvriers ; la force motrice, en se fatiguant par « la continuité des efforts, rend les effets de plus en plus défectueux, en se prolongeant pendant la durée de la journée de travail..... Le bruit dont l'atelier retentit « est quelquefois une cause de désordre ; enfin, la santé des hommes ne peut résister longtemps aux secousses réitérées d'une action aussi pénible. » (Rapport de M. Francœur.)

Dans la presse monétaire, point de choc ni de trépidation, point de contre-coup nuisible aux ouvriers, peu de bruit, point de crainte de destruction des coins, comme il arrive avec le balancier, quand le flan vient à manquer entre deux coins ; ici les pièces sont ajustées avec tant d'art qu'il reste toujours un espace entre les coins, et qu'ils ne peuvent se baiser, même en fonctionnant à vide.

« La force motrice appliquée à une manivelle, ou mieux encore celle d'une machine à vapeur, imprime un mouvement rapide de rotation à un volant destiné à « régulariser ses fonctions et à sommer ses efforts, pour les réunir en un seul instant à celui où la pièce est frappée. Sur l'arbre de ce volant est montée une courbe de « forme particulière, calculée d'après les fonctions qu'elle doit remplir : sa figure est celle d'une sorte de spirale, du moins son contour en imite la figure excentrique. « C'est cette courbe qui guide les mouvements d'une bielle transmettant aux pièces agissantes les mécanismes du posage et du dévirolage, pour amener les pièces entre « les coins et les dégager ensuite de la virole quand elles ont été frappées. L'empreinte est produite par un ingénieux procédé : la force accumulée par le volant est « transmise, par son arbre, à une manivelle qui agit sur deux bras articulés à charnières, bout à bout et faisant entre eux un angle très-obtus qui peut s'ouvrir ou se « fermer d'une petite quantité. Quand cet angle s'ouvre, les deux autres extrémités des bras ou leviers s'écartent, ou plutôt, comme la supérieure est contre-butée, c'est « l'inférieure qui descend en s'éloignant de l'autre : c'est, à proprement parler, un *levier funiculaire* ou un *genou mécanique*. On voit que le bas du levier inférieur « s'approche d'un plan résistant quand l'angle des deux bras s'ouvre, et qu'il s'en éloigne quand cet angle se ferme : ces mouvements sont produits par la bielle et la « manivelle dont est armé l'arbre du volant. C'est entre ce plan résistant et le bout inférieur du levier, c'est dans cet étroit espace que le flan est saisi, vigoureusement « comprimé, en un court instant où la force accumulée par un tour de volant vient se dépenser.....

« Les deux coins sont placés, l'un à l'extrémité mobile du bras du levier, en-dessus du flan ; l'autre sur le plan fixé en-dessous, ou plutôt, à l'ordinaire, sur une pièce appelée *rotule*, pour que les deux faces des coins qui se regardent soient parallèles.

« Les flans sont mis par piles dans un vase cylindrique en fer, et, par un mécanisme dont il est aisé de se faire une idée, à chaque tour du volant, le flan de dessous « est enlevé et passe sous la presse qu'on vient d'expliquer, reçoit l'empreinte et est retenu dans une virole qui limite son diamètre circulaire. Lorsque le bras du levier « se relève, il se fait un dévirolage spontané ; le flan, devenu monnaie, tombe dans un panier et fait place à un autre. Chaque tour de volant frappe ainsi un flan, et le « même homme peut alimenter deux ou trois machines monétaires fonctionnant ensemble..... » (Rapport de M. Francœur.)

Fig. 1re. Élevation latérale de la machine.

A Arbre principal, qu'on fait tourner au moyen d'une manivelle ou d'un moteur.

B Bielle communiquant, au levier de pression C, le mouvement d'une manivelle montée sur l'extrémité de l'arbre A.

C Levier de pression ayant son centre de mouvement en *a*, dans l'intérieur de la cage en fonte P, et faisant décrire un arc de cercle au second cylindre en acier *b*.

D Colonne de pression en acier trempé. Elle se meut à rotule, à sa partie inférieure, dans la boite coulante E, et se réunit, à sa partie supérieure, au levier de pression, au moyen du cylindre en acier *b*.

E Boite coulante ayant son point d'appui en *c*. Elle est supportée par un montant double ou fourchu F. Un levier G, taillé en fourchette à son extrémité, et portant les deux boulets H, maintient la boite coulante appliquée contre la colonne D. Le montant et le levier de la boite coulante sont mobiles sur un axe en *d*.

I Levier en fer recevant d'un autre levier, caché par la machine, une impulsion transmise par l'excentrique fixé sur le plateau O du volant N. — Ces deux leviers sont fixés sur l'arbre J, qui sert au posage et au mouvement de dévirolage de la pièce.

i Tringle communiquant au levier 1, et destinée à soulever le point *e* à fleur du porte-virole.

e' Coin inférieur.

K Main-poseur. Il porte à son extrémité un détachoir pour enlever la pièce, dans le cas où elle resterait adhérente au coin supérieur.

Cette partie de la machine comprend plusieurs autres pièces, savoir : le porte-virole, en deux parties ; la virole pleine ou cercle de la virole brisée (celle-ci est en trois parties, afin que la pièce puisse sortir, à cause des lettres en relief de la tranche); le collier de dévirolage, etc.

L Gobelet ouvert au fond, et recevant les flans prêts à être frappés.

M Conduit par lequel les pièces frappées tombent dans un panier placé au-dessous.

N Volant.

O Plateau de fonte monté sur l'arbre du volant.

P Cage en fonte de la machine.

QQ Quatre colonnes en fonte supportant le bâti R de la machine également en fonte.

PLANCHE 20.

MACHINE A RABOTER LE FER.

Cette machine se compose d'une table D en fonte, portant à ses extrémités des tourillons 1 et 2, qui lui permettent de prendre l'inclinaison nécessaire pour la pièce à raboter ; d'un chariot C glissant sur le banc en fonte M, au moyen d'une crémaillère qui reçoit son mouvement de la grande roue A et d'un pignon placé sous la table D. A son extrémité est un plateau L percé de trous, par lequel on introduit un boulon *f* fixé au chariot, qui entraîne, par conséquent, la pièce à raboter dans son mouvement.

N Poulie motrice ayant une vitesse de quarante tours par minute. Le pignon placé sous le chariot fait quatre tours dans le même temps, et la crémaillère qui entraîne le chariot avance de trois mètres, ce qui fait cinquante millimètres par seconde pour la pièce passant sous l'action du crochet 3 du porte-outil J. — Pour faire revenir le chariot de lui-même, lorsqu'il est arrivé à l'extrémité de sa course, limitée par les deux buttoirs *g*, *a*, il faut changer le sens du mouvement du pignon monté sur la roue A, engrenant avec la crémaillère. A cet effet, il y a trois roues d'angle de même diamètre : deux sont montées sur l'axe de la poulie N ; la troisième est ajustée libre sur son axe vertical. Un manchon, qui reçoit son mouvement d'une tringle à levier par le moyen de deux buttoirs qui viennent renverser le levier à masse *e* dans le sens opposé à son inclinaison, change le sens du mouvement des roues, et, par conséquent, de la crémaillère. Cet effet a lieu aux deux extrémités, pour l'aller et le retour de la pièce à raboter, sans le secours d'aucun ouvrier.

3 Outil ou crochet en acier.

H Mandrin carré sur lequel est fixé l'outil.

I Support en fonte qui reçoit le mandrin, dans lequel il peut glisser au moyen de deux vis *b*, *b*. Deux autres vis 4, 4, maintiennent ce support de chaque côté.

K Plateau qui reçoit la résistance de l'outil pendant le travail, qui n'a lieu que dans un sens, car, lorsque le chariot vient reprendre sa position, l'outil ne fait qu'effleurer la surface déjà rabotée.

c Vis qui sert à régler, au moyen d'une manivelle, l'épaisseur du fer qu'on veut enlever, en soulevant ou abaissant le plateau K. Cette épaisseur est ordinairement d'un millimètre.

J Coulisseaux dans lesquels glissent le plateau et tout le système, au moyen d'une vis placée en 5 pour changer la place à raboter, ce qui se fait également par la machine elle-même, au moyen d'un petit buttoir placé du côté opposé à celui *a*, et qui, lorsque la machine revient, attaque le levier coudé E attaché à la poupée fixe B en F, force l'encliquetage *d* à pousser une roue à rochet montée sur l'arbre 5, et, par conséquent, fait avancer, à l'aide de ce mouvement, le plateau et l'outil dans les coulisseaux J, J. Cette opération se renouvelle autant de fois que l'exige la largeur de la pièce à raboter.

MACHINE A ALÉSER.

L'*alésqir horizontal* sert pour aléser des cylindres de locomotives et autres. Il se compose d'un cylindre creux A, portant dans son intérieur une vis B, qui sert à faire avancer le plateau porte-outil C, par le moyen d'un écrou en cuivre D fixé à ce même plateau. Le cylindre A porte à son extrémité une roue E, qui engrène avec une vis sans fin G et qui, le faisant tourner, fait aussi tourner le plateau qui lui est attaché par l'écrou, et, par suite, les outils. A l'extrémité de la vis B se trouve aussi une roue F plus grande que la première, et qui engrène avec la même vis sans fin. Elle sert à faire avancer le chariot porte-outil C, en sorte que cet outil se trouve avoir à la fois un mouvement de translation d'avant en arrière et un mouvement circulaire, suivant la circonférence du cylindre.

Quant à l'*alésoir vertical*, il diffère de l'autre en ce que, sur le côté, il se trouve un système pour percer l'intérieur et tourner l'extérieur des douilles fixées au cylindre à aléser.

PLANCHE 21.

MACHINE A MORTAISER.

Cette machine, que l'on doit à M. Decoster, est destinée à pratiquer des mortaises dans des pièces métalliques de vingt centimètres de diamètre. Elle est remarquable par ses dispositions simples et ingénieuses.

La figure 1re la représente vue de face, la figure 2 en élévation latérale. Les mêmes lettres indiquent les mêmes objets dans les deux figures.

A Bâti en fonte de la machine, renforcé par des entretoises.

C Douille creuse, élargie à chaque bout et soutenue par des supports. Cette douille est solidement fixée par des boulons, sur les plateaux E, contre lesquels montent et descendent les porte-outils D D.

B Axe moteur, dont chaque bout est muni d'un excentrique logé dans la douille, et qui fait monter et descendre alternativement les porte-outils.

FF Petits volants armés d'une vis de rappel, destinée à régler la position des burins G G, relativement à la pièce à mortaises placée au-dessous.

HH Leviers en équerre, dont la longue branche est articulée avec une crémaillère I I, à laquelle est adaptée une barre de fer plate J J percée de trous; cette barre porte un cliquet qui, chaque fois que la crémaillère prend un mouvement de va-et-vient horizontal, fait avancer d'une dent la roue *d*, laquelle engrène avec une autre roue *e*, dont l'axe est taillé en vis sans fin. Cette vis fait tourner le plateau K, dont la circonférence présente une denture oblique. La roue opposée porte également une vis qui fait cheminer latéralement le plateau carré M, à mesure que le burin agit sur le métal. Lorsque la mortaise est achevée, et qu'on veut en percer une autre, on monte une clef sur le carré F et on fait avancer le plateau.

Le plateau K peut également avancer ou reculer, en faisant tourner le volant L.

Le mouvement des deux burins est alternatif : l'un descend quand l'autre monte. A chaque mouvement ascensionnel, une touche *y*, adaptée au porte-outil, rencontre le petit bras du levier H, qui tourne sur le boulon *h* et fait avancer la crémaillère I. Le mouvement est communiqué à la machine par un moteur, à l'aide d'une courroie embrassant l'une des poulies N. L'axe de ces poulies porte d'un bout le volant O, et de l'autre bout une roue d'angle qui engrène avec la roue P, montée sur l'arbre B.

PLANCHE 22.

MACHINE A PERCER LES PIÈCES MÉTALLIQUES, DITE MACHINE RADIALE, PAR M. CAVÉ.

Cette machine-outil présente un très-grand avantage : c'est que, sans déplacement, elle peut atteindre tous les points d'une surface très-étendue, au moyen d'une potence formant rayon et supportant le porte-outil, qui peut la parcourir dans toute sa longueur. Cette potence tourne en même temps que l'arbre, avec lequel elle est solidaire, à la manière des grues.

Figure 1re. Section verticale de la machine, prise par le milieu de la colonne.

A Colonne verticale en fonte, munie par le bas d'une embase B, et tournant sur le pivot C, fixé sur le patin D.

E Douille qu'on peut faire monter le long de l'arbre, au moyen du pignon *a* engrenant dans la crémaillère *b*.

F Plateau fixé sur la douille E, et portant l'équipage de l'outil.

G Plate-forme fixe, soutenue d'un côté par la colonne H, et fixée de l'autre au mur de l'atelier. Elle sert à fixer au moyen de mortaises P, P, P (fig. 8), les pièces à percer.

I Chaise adaptée à la partie supérieure de la colonne, et fixée au mur de l'atelier. Elle reçoit l'arbre J, portant les deux poulies motrices K. — Fig. 2 et 3, élevation latérale et coupe verticale de la chaise.

L Roue d'angle, engrenant avec une autre roue d'angle M, montée sur l'axe de la roue dentée N. Cette roue commande le pignon O, dont l'arbre est la longue tige P, portant à son extrémité inférieure la poulie Q, autour de laquelle passe la courroie sans fin R, laquelle enveloppe la poulie de renvoi S et embrasse la poulie T, montée sur le porte-outil qu'elle fait tourner.

U Châssis du porte-outil.

V Arbre du porte-outil.

X Foret.

Y Manivelle que l'ouvrier tourne pour faire descendre le foret sur la pièce à percer, au moyen du système d'engrenage Z.
c Tringle portant à son extrémité la poulie mobile *d*, destinée à marquer sur la pièce le point à percer.
e Crémaillère de la potence F.
F Pignon monté sur l'arbre *g*, et engrenant dans la crémaillère, pour donner un mouvement de translation au porte-outil.
h Pignon à dents obliques, que fait tourner une vis sans fin, mise en mouvement par une manivelle.
i Système d'engrenage, destiné à faire monter ou descendre la potence F le long de la colonne, à l'aide du pignon *a* et de la crémaillère *b*.
j Grand plateau circulaire destiné à faire tourner la colonne A sur son pivot. (Fig. 8.)
k Vis sans fin, engrenant la circonférence d'entrée de ce plateau. (Fig. 8.)
l Manivelle faisant tourner cette vis. (Fig. 8.)
m Système d'engrenage pour régler la vitesse de rotation du foret. (Fig. 4 et 5.)
n Chapeau qui recouvre le sommet de la colonne.
o Genou de la tige du foret. (Fig. 9.)
pp Mortaises.

PLANCHE 23.

TOUR PARALLÈLE POUR ALÉSER, TOURNER ET FILETER LES MÉTAUX, PAR M. DECOSTER.

LÉGENDE.

Figure 1re. Élévation latérale. — Figure 2. Plan.

A Banc de tour en fonte.
B Pieds du banc.
C Poupée fixe.
D Roue dentée, fixée sur un arbre non visible dans la figure.
E Poulie simple.
F Double poulie.
G, H Poulies folles.
I Pignon solidaire avec la poulie H. Il peut engrener avec la roue K, de 74 dents, ajustée sur l'arbre intermédiaire *a*.
J Pignon de 16 dents, sur le même arbre, engrenant avec la roue D.
L Poupée mobile.
b Contre-pointe ajustée dans la partie alésée de la poupée, et portant la pointe conique en acier *c*.
d Volant en fonte, faisant reculer ou avancer la pointe *c*.
M Semelle sur laquelle repose la poupée mobile.
N Support à chariot, sur lequel se placent le porte-outil, la pièce à aléser ou à fileter.
O Base ou support du porte-outil, reposant sur le chariot.
P Porte-burin.
e, e Coulisseaux ajustés au chariot.
Q Tringle servant de porte-outil pour aléser.
R Chaise en fonte portant le support, pour fileter une vis ou tourner une tige flexible.

On trouvera tous les détails de cette belle machine, et le développement de sa marche, dans le tome III de la *Publication industrielle*, de M. Armengaud, p. 378.

PLANCHE 24.

MACHINE ANGLAISE A DIVISER ET FENDRE LES ENGRENAGES.

Cette machine, d'une première nécessité dans les ateliers, pour diviser et fendre les engrenages, reçoit son mouvement de l'arbre moteur, communiquant avec la machine à vapeur par la courroie A, sur les poulies mobiles *a a'*, dans le support à coulisse *b* (fig. 1 et 2). La première poulie *a* communique à celle B, du porte-outil *c*, le mouvement de rotation.

La pièce qu'il s'agit de diviser ou fendre est montée sur l'arbre *d* de la grande roue de division D, de deux cent quarante dents, vue de profil (fig. 2), et en un cercle ponctué (fig. 1re). La pièce est placée en *e*; devant cette pièce, on place un disque pour la fixer, au moyen d'un goujon retenu par une clavette *f* et boulonné au centre. Ceci fait, après avoir déterminé le nombre de dents de la roue à diviser, au moyen du grand levier E, on fait avancer horizontalement le petit chariot F porte-outil, qui lui-même se trouve déjà rappelé par le contre-poids *g*, suspendu au feutre *h*. L'outil H se trouve, en tournant par le moyen des poulies, comme nous l'avons dit plus haut, fendre la pièce qui lui est présentée.

Pour avancer d'une division, et ainsi de suite pour toute la circonférence, il faut faire faire un tour à l'encliquetage à ressort I, en le dégageant de son ressort. Pour cela, il faut appuyer sur la poignée J et tourner l'arbre, sur lequel est placé ce diviseur. Cet arbre communique à la roue K, de cent vingt dents, laquelle roue transmet son mouvement à celle L, de soixante-trois dents, et, par suite, au pignon M, de quarante dents, monté sur l'arbre de la vis sans fin N, à deux filets (fig. 1re), qui engrène avec la grande roue de division D, laquelle donne le mouvement à l'arbre *d* et à la pièce à diviser et fendre en *e*. Il faut dire qu'une fois une dent de taillée, on donne un coup du levier E pour dégager l'outil de la pièce; sans cela, la pièce, tournant l'outil, casserait la dent suivante.

P Partie qui glisse au moyen du levier E du petit chariot F.
QQ Entretoises d'écartement.
O Vis de rappel, servant à faire monter ou descendre tout le système, c'est-à-dire le grand chariot T verticalement dans son écrou placé en S, selon que la pièce à fendre est plus ou moins grande de rayon, afin que l'outil puisse toujours agir au-dessous.
N Écrou à quatre bras, pour faire monter ou descendre le grand chariot, glissant dans les côtés *r*.
T Figure 1re, œil recevant une vis qui sert à faire avancer et régler le petit chariot F.
Figure 3, détail de la vis sans fin N.
M Arbre sur lequel est monté le pignon en *i*.
Figure 4, détails du porte-outil C.
o Mortaise qui reçoit le burin.
o' Pièce qui glisse sur l'arbre, ayant une encoche qui vient se placer au-dessus de la mortaise et prendre au collet l'outil.

PLANCHE 25.

LOCOMOTIVES.

La locomotive est une machine à vapeur à haute pression, munie d'une chaudière tubulaire, fournissant la vapeur à deux cylindres horizontaux. Dans chacun de ces cylindres se meut un piston, dont la tige communique un mouvement de rotation à un arbre à manivelle ou essieu coudé, ou à un essieu droit et à la grande roue motrice, avec laquelle il est solidaire.

Le foyer est placé à l'arrière de la chaudière; il forme ce qu'on appelle la *boîte à feu*, et la cheminée, fort courte, est placée à l'avant, au-dessus de la *boîte à fumée*. Elle reçoit aussi le jet de la vapeur qui s'échappe des cylindres, et dont l'expansion produit un vide qui active la combustion, en développant un fort tirage à travers les tubes de la chaudière.

La machine entière est portée sur deux, trois ou même quatre paires de roues. L'eau et le combustible nécessaires sont portés sur un chariot d'approvisionnement joint à la locomotive, et que l'on nomme *tender*.

Foyer et chaudière. Le foyer peut être considéré comme faisant partie de la chaudière, puisqu'à l'exception de l'ouverture qui lui sert de porte, et de la grille qui porte le combustible, il est entouré d'eau de toutes parts. Cent à cent vingt-cinq tubes, d'environ quarante millimètres de diamètre intérieur, traversent la chaudière dans toute sa longueur, s'ouvrent par un bout dans le foyer, et de l'autre bout dans la boîte à fumée (voyez planche 28). Les gaz, produits de la combustion, parcourent ces tubes, traversent l'eau de la chaudière, se rendent dans le compartiment de la boîte à fumée, et s'échappent par la cheminée, qui surmonte cette boîte, après avoir abandonné la plus grande partie de leur calorique à l'eau qui entoure les tubes.

Le foyer est formé de feuilles de cuivre jointes, par des entretoises rivées, aux feuilles de tôle qui forment la chaudière. Une chemise de bois, composée de douves étroites, recouvre la chaudière, pour éviter la déperdition de chaleur. Les barreaux de la grille sont mobiles, afin de pouvoir éteindre subitement le feu en la faisant tomber par terre.

Cylindres. Il y a deux cylindres dans les locomotives. Souvent ils sont placés dans l'intérieur de la boîte à fumée; mais, dans la locomotive figurée dans notre planche, ils sont extérieurs, l'un à droite, l'autre à gauche. Ils sont en fonte, parfaitement alésés et fermés d'un couvercle fortement boulonné. Ce couvercle est percé d'un trou, à travers lequel passe la tige du piston. Cette tige s'articule à une manivelle solidaire avec l'essieu de la roue motrice, et qui lui donne le mouvement de rotation.

Dans les locomotives à cylindres extérieurs, l'essieu coudé des roues motrices est remplacé par un essieu droit, beaucoup moins sujet à se rompre.

Tiroirs. Les tiroirs à soupape ont pour objet de produire le mouvement de va-et-vient du piston, en obligeant la vapeur à passer alternativement devant et derrière lui. Le jeu des tiroirs est produit par des excentriques collés sur l'essieu de la roue motrice. A mesure que celui-ci tourne, l'excentrique, en raison de ce qu'elle a un autre centre que cet essieu, pousse et tire alternativement les tiroirs par le moyen d'une bielle.

De la détente. On a remarqué qu'après avoir agi dans des cylindres, la vapeur conservait encore une grande partie de sa force au moment où elle s'échappait, et, de plus, qu'en s'élançant au dehors, elle réagissait contre le piston et retardait sa marche. Le système de détente remédie à cet inconvénient. Au moment où la vapeur, arrivant dans le cylindre, a poussé le piston dans une partie de sa course, la communication avec la chaudière cesse tout à coup par une disposition du tiroir, et la vapeur, emprisonnée, continue d'agir par sa détente, c'est-à-dire par son élasticité. Elle s'échappe lorsqu'elle est arrivée à son minimum de pression, en sorte que toute la force de la vapeur est utilisée. Une locomotive à détente, de cent cinquante chevaux, consomme moins de combustible qu'une ancienne locomotive de trente chevaux sans détente. La locomotive que nous allons décrire est à détente variable, ce qui donne au conducteur de la machine l'avantage de pouvoir modifier sa marche en donnant plus ou moins de détente; mais ce perfectionnement complique un peu la machine, en exigeant deux tiroirs superposés au lieu d'un seul (voyez pl. 27).

Pompe alimentaire. A mesure que l'eau de la chaudière s'échappe sous la forme de vapeur, il faut la remplacer. A cet effet, de chaque côté de la chaudière est une pompe alimentaire mise en mouvement par la machine, et communiquant, par un tuyau, avec le réservoir du tender.

A Boîte à feu (foyer).
a Porte du foyer.
B Chaudière. Elle est remarquable par sa longueur, en sorte qu'elle présente une surface de chauffe plus considérable que les autres espèces de locomotives.
B Trou d'homme pour les réparations de la chaudière.
C Boîte à fumée.
c Porte de la boîte à fumée.
D Cheminée.
d Papillon servant à fermer la cheminée lorsqu'elle ne fonctionne pas.
E Appareils de sûreté.
e Socle renfermant la soupape de sûreté et le sifflet.
e^1 Levier pressé contre la soupape de sûreté, par le ressort à boudin e^2, contenu dans une boîte.
e^3 Écrou servant à régler la soupape de sûreté au moyen d'une vis.
e^4 Cloche du sifflet. Elle est fondue avec l'alliage employé pour les timbres d'horlogerie. Ses parois sont très-minces. En faisant tourner la poignée e^5, on ouvre un petit registre par laquelle la vapeur sort en sifflant; la cloche augmente l'intensité du son.
F Roues motrices de la locomotive.
f Manivelle de la roue motrice.
G Tringle des soupapes de l'échappement variable. (Voyez la pl. 26.)
g Volant pour manœuvrer les soupapes d'échappement.
g^1 Levier pour opérer un changement de marche, au moyen de la grande tringle g^2, communiquant aux tiroirs.
g^3 Contrepoids servant à aider au mouvement de changement de marche opéré par le levier g^1.
g^4 Manette servant à varier le degré de la détente.
g^5 Ressort et tringle servant à l'enclanchement avec le double secteur denté g^6.
H Tige du piston.
h Glissière, dans la douille de laquelle pénètre la tige du piston.
h^1 Bielle de la roue motrice s'articulant avec la tige du piston.
I Robinets de vidange de la chaudière. Ils se manœuvrent par la tige *i*.
JJ Petites roues de la locomotive. Dans les autres locomotives, les petites roues de derrière sont placées derrière la boîte à feu; ici elles sont en avant.
jj Boîtes à graisse.
K Chasse-pierre.
L Manivelle du régulateur d'admission.
M Cadre de la locomotive.
N Supports de la chaudière.
O Robinets purgeurs des cylindres mis en mouvement par les manivelles *o, o*, maintenues par le support P et la barre transversale *p*.

PLANCHE 26.

COUPE DE LA LOCOMOTIVE.

A Dôme de prise de vapeur.
BB Fortes tringles de fer servant d'entretoises.
C Soupape de sûreté sur laquelle appuie le levier c^1.
D Régulateur d'admission. (Voyez la pl. 28).
E Tuyau du régulateur d'admission. Il s'assemble au point *e* avec le tuyau F.
F Tuyau portant la vapeur dans les cylindres. Au point e^1 il se bifurque afin d'alimenter simultanément les deux cylindres e^2, l'une des deux bifurcations.
G Intérieur de la chaudière.
g, g, g, g, Tuyaux de cuivre traversant toute la longueur de la chaudière, et mettant en communication le foyer avec la boîte à fumée.
H Tuyaux de sortie de la vapeur lorsqu'elle a produit son effet dans les cylindres.
h h, Soupapes d'échappement de la vapeur. Elles sont commandées par la tringle G, pl. 25.
I Boîte de distribution de la vapeur.
J Excentrique circulaire pour la marche en avant.
K Excentrique pour la marche en arrière.
L Levier à coulisse commandant la détente.
M,N Barres ou tirant d'excentriques.
O Pièce dite, *coulisses de Stephenson* recevant sur des tourillons les fourchettes des deux barres de dessus.
P Pompe alimentaire mise en mouvement par l'excentrique K.
Q Piston du corps de pompe alimentaire.
q Tringle fixée au piston.

PLANCHE 27.

PLAN DE LA LOCOMOTIVE.

A foyer, *a, a, a,* boulons servant d'entretoise entre les parois du foyer et de la chaudière.
B,C Essieux des petites roues.
D Essieu de la roue motrice.
FF Roues motrices.

GGGG Petites roues.
H Cylindres.
I Première boîte de distribution et tiroir de détente.
i Seconde boîte de distribution, d'où la vapeur se rend alternativement à droite et à gauche du piston par les lumières *j, j*.
J Orifice de sortie.
K Excentrique callé sur l'essieu de la roue motrice pour la marche en avant.
L Excentrique pour la marche en arrière.
M Point d'attache du tender.
N Contrepoids. (Voyez la pl. 25, lettre g^2).

PLANCHE 28.

Figure 1. *Coupe transversale de la chaudière*, prise sur l'axe des roues de devant.

A Intérieur de la chaudière.
a, a, a, Tuyaux de cuivre traversant la chaudière dans toute sa longueur.
B Tuyau portant la vapeur dans les cylindres.
CC Leviers commandant la détente.
D,D Coulisses de Stephenson, recevant les tirans *d, d*.
E Double châssis en tête du cadre.
F Ressort de suspension.

Figure 2. *Coupe transversale de la boîte à fumée*, des tuyaux d'admission et des cylindres.

A Boîte à fumée.
B Cylindres.
C Tuyau d'admission.
D Tuyau de sortie de la vapeur.
E Soupapes d'échappement.
F Tiroir de distribution.
G Tiroir pour la détente variable.

PLANCHES 29 ET 30.

TENDER.

A la suite d'une locomotive est attenant un chariot, nommé *tender*, et destiné à porter l'approvisionnement d'eau et de combustible, nécessaire au jeu de la machine. Un boulon, exactement ajusté, joint le tender à la locomotive, des tuyaux articulés font communiquer les pompes alimentaires, avec la caisse à eau du tender.

Un appareil, nommé *frein*, lui est adapté. Il s'appuie sur les roues, et sert à modérer la vitesse du convoi,

LÉGENDE DE LA PLANCHE 29 et 30.

Coupe d'un tender. — Plan du tender.

A Caisse à eau composée de feuilles de tôle rivées ensemble et pouvant contenir 3200 à 3500 litres.
B Casier ou coffre à charbon, contenant environ 410 kilog. de coke.
CC Roues du tender. Elles sont généralement au nombre de quatre.
D Traverse unissant tout le système du tender, et lui donnant de la rigidité.
E Boulon à œil où s'accroche la chaîne du train qui doit suivre l'appareil.
F Grand ressort destiné à amortir les chocs.
G Boulon servant à unir la locomotive et le tender.
H Levier du frein monté sur l'axe du secteur I, dont les tourillons sont reçus dans les plaques *i, i*, fixées au bâti du tender. Les secteurs portent des leviers terminés par des fourchettes où sont ajustées des pièces de jonction *j, j*. Ces pièces de jonction agissent sur les coins du sabots circulaires en bois, qui pressent sur la circonférence des roues lorsque le frein est serré. Les bielles *k, k*, mises en mouvement par le même système, serrent en même temps les sabots *k, k*, contre les points opposés des roues.
L Tige verticale de la vis *l*. En tournant cette tige au moyen de la poignée M, on fait monter l'écrou N, porté sur des tourillons par l'extrémité bifurquée du levier H, ce qui fait marcher les secteurs I, et presse les coins contre la circonférence des roues.
O Coffre en tôle contenant les ustensiles et outils divers.
P Tuyau servant de communication entre le réservoir du tender et la chaudière de la locomotive. Il se raccorde avec celui de la locomotive au moyen du manchon *p*.
Q Poignée servant à ouvrir le robinet de communication entre le tender et la locomotive.
q Filtre destiné à empêcher l'introduction des matières étrangères dans les tuyaux.
R Tubulure en tôle, garnie d'un couvercle par où l'on introduit l'eau. Elle sert à conserver un matelas d'air entre l'eau et les parois supérieurs du tender. Ce matelas d'air empêche le ballotement de l'eau.

PLANCHE 31.

GRUE D'ALIMENTATION POUR LE TENDER, ÉTABLIE AU CHEMIN DE FER DE SAINT-GERMAIN.

Cette grue se compose d'un fort robinet, pour l'arrivée de l'eau du réservoir, d'une colonne creuse, en fonte, pour le passage de l'eau, d'une boîte à soupape, se manœuvrant à la main, d'un tuyau recourbé, pour l'introduction de l'eau dans le tender, et d'un boyau en cuir, que l'on introduit dans le tender même, lorsqu'on veut l'alimenter.

La colonne creuse, B, se prolonge au-dessous de la plaque *a*, qui fixe cette colonne dans le massif D, cette partie prolongée va retrouver le tuyau recourbé *h*, placé dans la fosse E, ce tuyau est celui qui amène l'eau du réservoir d'alimentation, placé à une certaine distance, et très-élevé.

Il porte un assemblage en *r* de brides qui servent à fixer un fort robinet A, qui, peut être manœuvré extérieurement au niveau du sol de la grue, au moyen de la clef à poignée *k*. Il suffit d'ouvrir ce robinet pour l'arrivée de l'eau, qui passant de là dans l'intérieur de la colonne B, et traversant le tube *g*, arrive après avoir, toutefois, soulevé, au moyen de la chaînette *n*, la soupape en cuivre *m*, qui se trouve dans la boîte F, dans le tuyau C, en col de cygne, pour de là tomber dans la caisse du tender.

LÉGENDE.

A Robinet pour l'arrivée de l'eau du réservoir.
B Colonne creuse.
C Tuyau en col de cygne se raccordant à la colonne B, au moyen de la boîte à soupape F et du tuyau *g*.
D Massif recevant les boulons de la plaque *a*, qui servent à fixer solidement l'appareil.
E Fosse ménagée dans le massif.
F Boîte à soupape, recevant le tuyau mobile C dans sa partie inférieure, au moyen d'une boîte *s* en cuivre, dans lequel l'appareil tourne à frottement doux.
a Plaque qui sert à fixer l'appareil au massif.
b Pivot dans lequel tourne la potence fixée au tuyau en col de cygne C.
c Potence maintenue dans sa partie supérieure à la colonne B par le collier *d*.
d Collier pour maintenir la potence *c*.
e Jambes de force pour consolider le mouvement qui se fait dans cette partie.
g Tuyau de raccordement.
h Tuyau qui va au réservoir.
Contrepoids de la soupape *m*.
l Clef à poignée, pour la manœuvre du robinet A.
m Soupape en cuivre, se soulevant au moyen de la chaînette *n*.
n Chaînette à poignée, pour soulever la soupape *m*.
o Boyau d'acier, devant s'introduire dans le tender.
p Tige attachée au grand levier G, dont le point d'appui est en *t*.
r Brides d'assemblage du robinet.
s Boîte en cuivre pour le mouvement du tuyau C.
t Point d'appui du grand levier G.

Figure 1re. Vue générale. Figure 2e. Coupe suivant la partie inférieure de la colonne B, représentant la plaque à 4 bras *a*, fondue avec elle, et qui, percée de trous, sert à fixer la machine dans la maçonnerie, au moyen de 5 boulons.

Cette vue représente aussi le pivot *b*, dans lequel tourne la potence *e*.

Figure 3e. Cette vue est faite au-dessus du collier qui supporte la potence mobile et des jambes de force *e e*, qui maintiennent cette même potence.

GRUE-CANDÉLABRE DU CHEMIN DE FER D'ORLÉANS.

Figure 4e. La disposition de cette grue est à peu près la même que l'autre. Quant à l'arrivée de l'eau, car ici, on n'a pas cru devoir répéter le robinet d'arrivée, seulement, par la figure 5, nous donnons la coupe de la disposition supérieure de cette colonne, qui reçoit la lanterne et le passage de la conduite du tuyau du gaz.

CRIC EMPLOYÉ, SUR LES CHEMINS DE FER ANGLAIS, A SOULEVER LES LOCOMOTIVES.

Ce cric est d'une très-grande utilité dans les travaux de réparation et d'entretien des machines locomotives, lorsqu'on veut visiter la boîte à feu, ou remettre une machine sur la voie, lorsqu'elle a déraillée.

La figure 6 est une vue extérieure de ce *cric*, il peut se manœuvrer dans le sens de la longueur de la boîte F, au moyen de la vis G, et des écrous en *o*. En tournant la manivelle A, qui porte un petit pignon conique, on imprime un mouvement à la roue d'angle, B, laquelle roue, fixée au bâti E, au moyen d'un prisonnier, oblige en tournant, la vis D à s'élever ou s'abaisser, selon le sens du mouvement de la manivelle A.

PLANCHE 32.

TREUIL MOBILE DE M. ARNOUX, POUR SOULEVER LES CAISSES DE DILIGENCES, DANS LA GARE DES CHEMINS DE FER.

Ce treuil est généralement employé maintenant dans toutes les gares, la manœuvre en étant extrêmement facile.

Il y a, sous cet appareil, deux voies, l'une pour le truck, qui doit recevoir la caisse enlevée, l'autre pavée pour l'arrivée des diligences. On fait arriver l'appareil au-dessus de cette voie, au moyen des tringles placées au bout d'une chaîne de *Galle*, qui portent des clavettes. On les introduit dans les 4 équerres placées après la caisse de la diligence. Cela fait, on enroule, au moyen du frein, la chaîne de Galle sur le tambour du treuil, ce qui soulève la caisse ou la fait arriver au-dessus de la voie de fer au moyen d'une manivelle et de roues d'angle, placées à l'extrémité du chassis du treuil, le long de la chaîne horizontale, faisant office de crémaillère; par le même moyen, vous redescendez la caisse sur le truck ou châssis de wagon, pour y continuer sa route jusqu'à destination.

Figure 1re. Vue de face. Figure 2e. Vue de profil.

A Poteaux supportant la plate-forme.
B Treuil.
C Garde-fou.
D Plate-forme sur laquelle repose tout l'appareil.
E Dés en pierre.
F Contre-fiches servant à relier les poteaux à la charpente de la plate-forme.
— Sur la charpente D, se trouvent les deux rails du petit chemin de fer qui sert à la translation du treuil mobile.
— Le treuil se compose de deux bâtis en fonte qui supportent tout le système d'engrenage. Ces bâtis reposent sur un châssis H à quatre roues, roulant sur le petit chemin de fer [3], les hommes placés aux manivelles font tourner le pignon [5], lequel pignon donne le mouvement à la roue [6], qui le transmet au pignon [7], monté sur son même arbre, pour de là faire tourner la roue [8], qui donne le mouvement à deux poulies placées à l'extrémité de son arbre, sur lesquelles s'enroulent les chaînes de Galle [9], qui portent les tringles [10] munies de clavettes.

Pour faire avancer le chariot, on tourne la manivelle *a*, qui donne le mouvement à la roue pignon d'angle *b*, qui le renvoie à une roue plus grande *d*, dont l'axe est le même que celui du pignon *c*. (Voyez fig. 3 et 4).

Ce pignon engrène avec une chaîne fixée en *e*, *e*, qui fait le service d'une crémaillère.

Deux petits cylindres *i*, *i*, forcent la chaîne à s'approcher du pignon. (Fig. 4).

f Buttoirs.
g Frein pour la descente de la caisse de la diligence *n*.
h Échelle de service.
k Voie de fer pour l'arrivée des wagons.
l Voie pavée pour l'arrivée des diligences sous le treuil.
o Trottoir.

PLANCHES 33 ET 34.

MACHINE DU BATEAU A VAPEUR LE SPHINX.

Ces machines sont de la force de 80 chevaux. Il y en a deux; l'une à babord et l'autre à tribord. La force totale du bateau est donc de 160 chevaux.

Chaque machine repose sur une plaque en fer, qui sert de base à toutes ses parties. Seize boulons–écrous les fixent sur les carlingues et les lient solidement avec le fond du bâtiment.

LÉGENDE DES DEUX PLANCHES.

A'' Tambour fermé à sa partie supérieure. Il sert de base au cylindre à vapeur N, dans lequel se meut le piston. Ce cylindre est enveloppé d'un autre cylindre qui repose sur le premier. Ils sont fixés par des boulons-écrous.
X Tuyau qui communique au cylindre-enveloppe par lequel arrive la vapeur de la chaudière.
B Piston en fonte creux, et terminé par une surface plane en-dessous, et en-dessus par une surface semblable à celle de la table du tambour A'' qui sert de bases au cylindre.
D Tige du piston maintenue dans une direction verticale, par la disposition des bielles C' E', modification du parallélogramme de Watt et que nous renvoyons à cette machine.

Le passage F de la vapeur au-dessus du piston, est pris dans le couvercle. Pour détruire le renflement de cette partie, on y a adapté une pièce circulaire *a* en fer poli, qui s'ajuste sur un rebord au couvercle G.

Afin d'empêcher la déperdition de la vapeur, on fait passer la tige du piston dans la boite à étoupe *c*.

K Voie de cuivre avec robinet, (pl. 33 d'ensemble), vissé sur le couvercle et servant à faire passer du suif dans l'intérieur du cylindre.
I.J Tiroirs pour la distribution de la vapeur qui arrive du cylindre–enveloppe dans la boite de distribution, par les passages 1 et 2 à soupapes.

Ces tiroirs sont des demi-cylindres creux avec cloison horizontale au milieu de leur hauteur, et douille pour recevoir la tige qui réunit celui de la distribution de la vapeur sur le piston, et l'autre pour la distribution au-dessous. Ces tiroirs sont fixés à la tige par des clavettes.

Des ouvertures sont ménagées sur la partie du tiroir qui glisse sur le cylindre-enveloppe aux endroits F et F' du passage de la vapeur.

Le piston est au milieu de sa course, la vapeur arrive au-dessous du piston par l'ouverture F', et celle qui se trouvait au–dessus s'échappe par celle F, passe dans la boite de distribution, et de là au condenseur K par la colonne R', et le passage H placé au socle des colonnes R et K', elle s'y condense par l'eau qui y arrive par l'ouverture *m*. la pompe à air M, aspire l'eau de condensation et s'élève dans la boite de décharge S, cette eau s'écoule par l'ouverture *o* qui la mène à la mer.

— L'ouverture *v* sert à une pompe alimentaire qui vient aspirer l'eau rejetée de la condensation; lorsque la chaudière a besoin d'être alimentée; dans le cas contraire, l'eau aspirée revient dans la boite de décharge S par l'ouverture *u*, pour s'échapper par le tuyau *o*.

Z Roues à Palettes pour la marche du navire.

AA' Balanciers placés sur deux supports, dont l'axe traverse le condenseur K.
B Piston à vapeur.
B' Bielle attachée à une traverse fixée à la tête de la tige D du piston à vapeur B, transmettant le mouvement au parallélogramme.
C Grande bielle de la manivelle de l'arbre moteur, donnant le mouvement aux roues.
D' Manivelle montée sur l'arbre des roues Z.
E Excentrique placé sur l'arbre moteur, donnant le mouvement à la tige de distribution de la vapeur dans le cylindre.
Q Bâti de la machine. Dans la coupe, le premier plan se trouve enlevé; on réunit ses parties au moyen de boulons-entretoises *q*.
L Bielle de la tige du piston de la pompe à air M.
h Tuyau de la pompe alimentaire communiquant à la chaudière.
M Pompe à air.
N Cylindre à vapeur.
O Piston à clapets de la pompe à air.
o Tuyau de décharge à la mer.
R,R' Colonnes cannelées, creuses, pour le passage de la vapeur au condenseur K.

On a indiqué en ponctué le tracé de la course du piston, du balancier et de la manivelle, afin de faire voir les différentes positions que prend la machine dans sa marche.

PLANCHE 35.

MACHINE A CYLINDRES OSCILLANTS POUR BATEAU, PAR M. CAVÉ.

L'avantage de cette ingénieuse disposition est de rendre les roues libres, en leur donnant un mouvement de rotation indépendant, pour faire virer le bateau sans l'aide du gouvernail, en sorte qu'il peut évolutionner dans un espace infiniment moindre qu'un bateau à vapeur ordinaire.

On peut, d'ailleurs, au moyen d'une manille d'accouplement, réunir les deux arbres et les rendre solidaires l'un de l'autre; alors la machine rentre, quant à son effet, dans les conditions des machines ordinaires.

La figure de cette planche représente l'un des cylindres en élévation et l'autre en coupe.

AA Cylindres.
B Piston formé de segments d'acier, que des ressorts à boudin poussent contre les parois du cylindre.
CC Tige des pistons.
D Tuyau en cuivre qui sert de communication entre la chaudière et le cylindre.
EE Tuyaux de sortie de la vapeur.
e Boîte en fonte, garnie d'un tiroir remplaçant le robinet d'admission de la vapeur.
f Tige du tiroir.
g Levier servant à la mise en mouvement.
h Bielle formant un support articulé qui permet à la tige *f* un mouvement perpendiculaire rectiligne.
G Roue d'engrenage commandant l'arbre G.
G Arbre de distribution de la vapeur dans le cylindre.
iiii Roues d'angle qui transmettent, au moyen de l'arbre intermédiaire *j*, le mouvement de rotation de l'arbre G à l'arbre H.
H Arbre commandant une soupape tournante, qui sert à distribuer la vapeur dans le cylindre. A son extrémité inférieure, il met en mouvement un excentrique imprimant une action de va-et-vient à deux tiroirs qui règlent la sortie de la vapeur, lorsqu'elle a fonctionné dans le cylindre.
I Volant calé sur l'arbre H et servant à renverser la vapeur.
k Châssis d'excentrique, terminé par une tige commandant à l'équerre dentée *l*, laquelle donne le mouvement à la crémaillère *m*, taillée à l'extrémité de la tige fixée aux tiroirs de sortie de la vapeur.
JJ Boîtes de fonte, munies d'un orifice contre lequel frottent les tiroirs *n n*.
KK Tuyau en cuivre rouge, servant à conduire la vapeur sortant du corps de pompe.
L Chape fixée sur la moufle *l* du piston. Elle porte, sur ses côtés, des oreilles garnies de galets.
M Manivelle fixée sur l'arbre de la roue.
N Maneton de la manivelle.
O O O O Guides en fer fixés au cylindre par des boulons.
o Trou d'homme pour visiter l'intérieur du condensateur.
P Condensateur.
p, *p* Ouvertures d'admission de la vapeur sortant des cylindres.
Q Bâche en fonte conduisant l'eau de condensation à la pompe à air.
R Bâti en fonte, portant l'arbre de la roue et les cylindres à vapeur.
S Collier d'excentrique en bronze.
TT Queue d'excentrique en fer.
U,U Balanciers parallélogrammes, fixés au bâti par des boulons d'écartement, autour desquels ils oscillent.
V Petits balanciers réunissant les balanciers U,U.
X,X Tringles de fer commandant les pompes alimentaires, et recevant leur mouvement des balanciers U,U.

PLANCHE 36.

VIS OU ROUE EN HÉLICE DE BATEAU A VAPEUR.

Cet appareil, destiné à remplacer les roues latérales des bateaux à vapeur, est placé sous le navire et parallèlement à sa quille. Il consiste en plusieurs lames ou filets fixés sur un axe autour duquel elles forment une spirale. On peut s'en former une idée, en se figurant une vis d'Archimède dépouillée de son enveloppe, et dont les filets sont au nombre de trois, quatre, au lieu d'être simples.

Cette sorte de vis, agissant sur un fluide, c'est-à-dire sur un corps excessivement mobile, on a été obligé de donner une grande largeur aux lames des hélices, pour produire un effet utile; d'un autre côté, il a fallu donner beaucoup d'inclinaison au pas de l'hélice, pour augmenter la vitesse de son action sur l'eau, et aussi leur donner trois ou quatre filets parallèles.

Il est facile de concevoir la nature de l'action que ce propulseur exerce sur l'eau, étant mis en mouvement par la machine à vapeur, avec une vitesse de 120 tours par minute. Il se fraye un passage dans l'eau, par le même principe qu'une vis entre dans du bois ou s'enfonce dans son écrou, et il entraîne le bâtiment auquel il est fixé par les deux extrémités de son axe.

Le système des propulseurs à vis présente de grands avantages : d'abord, placés sous le navire, ils se trouvent à peu près à l'abri des Projectiles ennemis, ensuite, ils sont moins affectés que les roues à aubes par l'agitation de la mer. Ils possèdent, sur les bateaux à vapeur ordinaires, une supériorité de marche prouvée par des expériences faites au Tréport, en présence du roi et du prince de Joinville : l'action de la vis favorise celle du gouvernail, au point que le navire peut pivoter, pour ainsi dire, sur place. Ajoutons que la suppression des tambours rend les abordages moins fréquents ; que la moindre largeur du navire facilite son entrée dans les passes; enfin, qu'il ne cause point de flot latéral, dégradant les berges, et menaçant de faire chavirer les petites embarcations qui s'approchent trop près du bord.

On reproche, au système de l'hélice, un nombre plus considérable de pignons et d'engrenages; mais il paraît certain que la communication du mouvement pourra être simplifiée. Un inconvénient plus grave est le danger que peut courir l'appareil d'être brisé par la rencontre des hauts-fonds ; ensuite, l'obstacle qu'oppose la vis à la marche du navire, lorsqu'elle est désembrayée ou rendue folle, pour faire seulement usage de la voile.

Une vis à quatre ailes, établie suivant le système de M. Nillus, pèse à peu près 1,000 kilogrammes, et seulement 800 à trois ailes. On peut l'exécuter en fonte de fer pour les bateaux destinés à naviguer sur les fleuves et les rivières; mais elle doit être en bronze pour la mer, à cause de l'action corrosive de l'eau salée sur le fer.

PLANCHES 37 ET 38.

MACHINE A VAPEUR A DOUBLE EFFET ET A BASSE PRESSION[1].

Cette machine est de la force de 20 chevaux. La planche 37 présente l'élévation de la machine vue de face, et la planche 38 son plan horizontal.

LÉGENDE.

A Grand cylindre dans lequel joue le piston B. Ses deux extrémités sont fermées par les deux couvercles CC. Le couvercle supérieur est muni d'une boîte à étoupes que traverse la tige du piston, et qui est destinée à empêcher, soit la déperdition de la vapeur, soit l'introduction de l'air. Ce couvercle présente, en outre, un plateau à gorge circulaire, contenant de l'huile que l'on introduit dans le cylindre, pour faciliter le jeu du piston, au moyen du robinet *a*.

B Piston métallique. *b* Tige du piston.

D Tuyau d'admission de la vapeur dans le cylindre communiquant avec la chaudière. *l* Appareil servant à interrompre la communication de la vapeur.

E Boîte en fonte qui reçoit la vapeur avant son introduction dans le cylindre.

F Tiroir ou valve glissante en fonte, servant à ouvrir et à fermer alternativement les ouvertures *c* et *c'*, à l'effet de faire arriver, tour à tour, la vapeur au-dessous et au-dessus du piston.

G Balancier transmettant à la bielle H le mouvement alternatif du piston B. Le centre de

[1] Une machine à vapeur est à basse pression, lorsque la force élastique ne surpasse celle de l'air que de 1/10e ou 2/10es au plus. Elle est à double effet, lorsque la vapeur agit successivement en-dessus et en-dessous du piston.

ses oscillations est l'axe I, supporté par des paliers fixés dans l'entablement du bâti en fonte.

J Manivelle montée sur l'arbre de couche K (pl. 38), sur lequel est fixé le volant L.

M Excentrique en fonte calé sur l'arbre K.

N Bielle horizontale, mise en mouvement par l'excentrique M, et servant à manœuvrer le tiroir F au moyen de la fourchette *d*. Cette fourchette à l'axe horizontal *e*, le mouvement de la bielle N et du levier, assemblé, par articulation, avec la tige du tiroir, qu'il oblige à monter et à descendre alternativement.

O Condensateur.

P Pompe foulante à air du condensateur. Q Cuvette de décharge.

R Piston de la pompe à air; sa tige est fixée au parallélogramme et en reçoit le mouvement alternatif.

S Clapet en cuivre, ouvrant ou fermant la communication entre le condensateur et la pompe à air, suivant que le piston R monte ou descend.

T Second clapet ouvrant ou fermant la communication entre cette pompe et la cuvette de décharge.

U Pompe aspirante, refoulant l'eau de la cuvette de décharge Q dans le réservoir qui alimente la chaudière.

V Pompe d'eau froide, amenant l'eau d'un puits dans le réservoir ou bâche X, où se trouvent la pompe à air et le condensateur.

Y Tuyaux de décharge, déversant au dehors le trop plein de l'eau de condensation.

Z Modérateur ou régulateur. *g g* Branches du régulateur. *h* Axe. *i i* Tiges articulées avec l'anneau *j* et les branches *g g*. *k k* Sphères de métal. *l* Poulie transmettant, au moyen d'une corde et de deux roues d'angle, la rotation de l'axe *k* au régulateur.

PLANCHE 39.

MACHINE A VAPEUR A CYLINDRE HORIZONTAL ET A HAUTE PRESSION. (*Coupe transversale*).

Cette machine est de la force de 4 chevaux; sa partie principale est, comme dans toutes les machines à vapeur, un cylindre renfermant un piston, auquel l'introduction de la vapeur donne un mouvement rectiligne de va-et-vient, que l'on convertit ordinairement en un mouvement circulaire continu.

Ce mouvement de va-et-vient est dû à l'introduction de la vapeur dans le cylindre : cette vapeur agit alternativement sur les deux faces du piston.

A Piston métallique. *a* Tige du piston.

B Cylindre.

l l Passages alternativement ouverts ou fermés par le jeu des deux petits pistons *b b*, montés sur la même tige et glissant dans le cylindre distributeur C. Ces pistons remplissent à peu près l'office des tiroirs dans la locomotive.

D Excentrique placé sur l'axe de rotation *c* et embrassé par la bague *d*. Il transmet, au moyen de la bielle E, son mouvement au double levier *ee*. La tige commune *f* des deux pistons est articulée avec ce levier.

F Bielle articulée en *g* avec la tige du piston A, et en *h* avec l'axe de rotation, coudé en forme de manivelle.

G Volant qui, par sa vitesse acquise, continue la marche de la machine lorsque, dans leur mouvement de rotation, la bielle et la manivelle se trouvent sur une même ligne droite.

H Modérateur à force centrifuge, réglant, à chaque coup de piston, la quantité de vapeur qui doit entrer dans le cylindre. (Voyez les détails d'un modérateur sur la planche suivante.)

I Bâti en fonte de la machine.

J Coulisses servant de guides à la tige du piston, à l'aide des galets *i*.

K K' Couvercles du cylindre. K' est muni d'une boîte à étoupes *j*, pour empêcher la fuite de la vapeur.

L L Tuyaux verticaux, communiquant, dans leur partie supérieure, avec le cylindre distributeur C, et, à leur partie inférieure, avec le cylindre horizontal M, par où s'échappe la vapeur lorsqu'elle a agi sur le piston A.

N Robinet et entonnoir servant à l'introduction de l'huile dans le cylindre, afin de faciliter le jeu du piston.

O Pompe foulante et aspirante mise en mouvement par la machine à vapeur, elle-même, et servant à alimenter la chaudière.

P Poulie à plusieurs gorges du modérateur.

Q Poulies de renvoi.

R Supports du levier du modérateur.

S Levier du modérateur.

T Bielle faisant mouvoir l'axe de la soupape d'admission de la vapeur.

PLANCHE 40.

MODÉRATEUR D'UNE MACHINE A VAPEUR.

Le modérateur, qui porte aussi le nom de *régulateur*, est destiné à régler l'introduction de la vapeur dans le cylindre, en sorte que, lorsqu'elle tend à y entrer en trop grande quantité, et que la vitesse du volant augmente, l'appareil est disposé de manière à diminuer cette introduction, en agissant sur la soupape d'admission de la vapeur.

L'axe B du régulateur porte une poulie à plusieurs gorges, qui reçoit son mouvement d'une corde passant sur des poulies de renvoi et sur l'axe du volant de la machine, en sorte que les vitesses de ces deux axes varient ensemble. Deux sphères de métal C, C, sont attachées au bout des bras A, A, assemblés à charnière à l'extrémité de l'axe vertical.

Des tiges obliques E, E, réunissent les bras A, A, et un anneau D, qui peut monter et descendre le long de l'axe B. Ces tiges sont jointes, par des charnières, aux bras et à l'anneau.

Il en résulte que, lorsque la rotation du volant, et, par conséquent, celle de l'axe B, augmentent de vitesse, les boules tendent à s'écarter l'une de l'autre, par l'effet de la force centrifuge. L'anneau, tiré par les tiges obliques E, E, remonte et agit sur l'extrémité du levier F, dont la fourchette *a* embrasse une gorge pratiquée à la base de cet anneau. Au moyen d'une bielle, l'action de ce levier agit, sur la soupape d'admission, et l'introduction de la vapeur dans le cylindre est diminuée.

PLANCHES 41 ET 42.

MACHINE A PAPIER CONTINU, PAR M. CHAPELLE.

Cette belle machine constitue l'une des plus importantes conquêtes de l'industrie moderne. D'abord inventée en France, elle fut transportée en Angleterre, où elle reçut divers perfectionnements. Revenue dans sa première patrie, elle reçut encore des améliorations de toute espèce. Aujourd'hui, la pâte, encore à l'état liquide, est changée, dans l'espace d'une minute, en un beau papier séché, apprêté et satiné, et la machine en donne près de dix mètres et demi par minute.

C'est à M. Chapelle que l'on doit les derniers perfectionnements de la machine à papier, et il a puissamment contribué à nous affranchir du tribut que nous payions à l'Angleterre, en produisant des machines très-supérieures aux machines anglaises.

DESCRIPTION DE LA MACHINE (*Planche* 41).

La pâte ayant été convenablement préparée dans les cylindres, elle arrive dans la cuve A A. Le robinet B est destiné à fournir l'eau nécessaire, pour donner une consistance convenable à la pâte. L'agitateur *a* la mêle avec cette eau, et la pâte liquide, passant par quatre vannettes *b*, tombe dans la caisse C, sorte de tamis qui retient les boutons ou nœuds, et la laisse arriver dans le grand compartiment A' de la cuve, où se trouve un second agitateur *a* '. Elle passe ensuite par la vanne D, et traverse plusieurs coulisses *c*, *c*, qui l'obligent à s'étendre en largeur. Arrivée dans la caisse D, elle y dépose le gravier dont elle peut être chargée, et, maintenue à droite et à gauche par les règles *d*, elle se répand sur la toile métallique E, que supportent de nombreux rouleaux de cuivre *e*, *e*, *e*.

Cette toile métallique, disposée en manière de corde sans fin, a deux mouvements, l'un d'aller et de retour le long des rouleaux de cuivre, l'autre latéral et précipité, en manière de va-et-vient. Le but de ce second mouvement est de faciliter à la fois le dégagement de l'eau, qui tombe dans la caisse F, et de favoriser le feutrage du papier.

Les deux règles G, placées à droite et à gauche de la forme ou table de fabrication [1], déterminent la largeur de la nappe de pâte, et les courroies d'émargements *f*, *f*, *f*, circulant sur les roulettes *g*, *g*, *g*, et sur la poulie de retour *g* ', régularisent les bords de la pâte. Le robinet *g* '' fournit un jet d'eau destiné à laver ces courroies.

La nappe de pâte, continuant sa marche, après avoir abandonné les courroies *f*, passe sur une caisse H, où l'eau que renferme encore la pâte est aspirée, à travers le réseau de la toile métallique, par un appareil pneumatique. L'eau qui tombe dans cette caisse s'écoule par le tube *h*. La nappe de papier passe ensuite sous le cylindre égoutteur I, qui raffermit la pâte et la débarrasse encore d'une certaine quantité d'eau.

En sortant de dessous le cylindre égoutteur, le papier passe sous la presse humide, composée de deux cylindres en cuivre J, J, couverts chacun d'un manchon en feutre : le papier y reçoit une pression qui lui donne de la consistance. Ici, il abandonne la toile métallique, qui revient sur elle-même en glissant par les rouleaux *i i i i*. Des jets d'eau, partant du tuyau *j*, percé de petits trous, la lavent en la débarrassant des particules de papier engagées dans son tissu.

Le papier, un moment abandonné en *k*, passe sur le feutre coucheur *l*, qui le conduit sous les cylindres KK', où il reçoit une pression à nu, d'un seul côté, l'autre

[1] C'est ainsi qu'on nomme l'ensemble de la toile et des rouleaux qui la soutiennent.

reposant sur le feutre conducteur. Ce feutre le conduit encore jusqu'au point m, où il l'abandonne. Le papier est pris ensuite par les cylindres LL', ici il est encore pris par un autre feutre, qui le conduit sous les cylindres M M', où il reçoit une troisième pression. Mais celle-ci est en sens inverse de la précédente : c'est l'autre côté du papier qui repose sur le feutre.

En quittant cette troisième presse, ainsi que le feutre, le papier passe sur les cylindres en cuivre N N', et arrive sur le premier cylindre sécheur O, contre les parois duquel il est pressé par le feutre n n n n. En quittant le premier cylindre sécheur, il passe sur le rouleau P, puis sur le second cylindre sécheur O'. La vapeur qui échauffe ces cylindres, y arrive par le tuyau o, se répand dans les cylindres par le tuyau-robinet o', et s'en retourne à la condensation par celui o^2.

Au moment de quitter le second cylindre sécheur, le papier reçoit un premier apprêt, d'un côté par le cylindre presseur Q. Il remonte ensuite jusqu'aux cylindres en cuivre R R', d'où il descend pour recevoir entre le grand cylindre S et le cylindre T, un second apprêt du côté opposé au premier. Le grand cylindre S est également chauffé à la vapeur par l'appareil O, O', o^2.

En quittant ce dernier cylindre, le papier passe sur le rouleau U, et vient s'enrouler sur le dévidoir V, V.

PLAN DE LA MACHINE A FABRIQUER LE PAPIER CONTINU.

W Arbre imprimant son mouvement à toute la machine. Il communique son action au cylindre K. La roue dentée p, montée sur l'axe de ce cylindre, engrenant avec les roues p^2, p^3 et p^4, transmet le mouvement à la troisième presse M M'.

q Roue d'angle, montée sur l'arbre W, donnant le mouvement à l'arbre de couche XX.

q^2 Poulie commandant celle r, montée sur l'arbre W^2, donnant son mouvement aux cylindres sécheurs O O'. — La poulie r^2 communique, au moyen d'une courroie croisée, avec la poulie extensible r^3, le mouvement au grand cylindre apprêteur S. — A l'autre extrémité de l'arbre de cette poulie, est le pignon s, qui engrène avec les roues t et t^2 des cylindres sécheurs. — La poulie à gorge u transmet, au moyen d'une chaîne sans fin, son mouvement à la poulie v^2, du dévidoir.

q^3 Poulie commandant par une courroie la poulie extensible v, montée sur l'arbre v^2, de la presse humide.

La roue d'angle q engrène avec le pignon x de l'arbre de couche X. Cet arbre porte la poulie x^2, qui communique, par une autre poulie, son mouvement à l'aspirateur x^3.

A l'autre extrémité de l'arbre de couche est la roue d'angle x^4. Elle engrène avec le pignon y, dont l'axe porte une poulie à gorge y^2. Cette poulie est munie d'une corde sans fin qui, passant par les poulies z et z^2, communique le mouvement de va-et-vient au cadre F, au moyen de la poulie à plusieurs gorges Y.

Le pignon Y donne aussi le mouvement au second agitateur a^2 (pl. *41*). L'axe de cet agitateur porte les poulies 1, 2, 3, qui transmettent, au moyen de courroies, le mouvement à la danaïde Y', au premier agitateur a et aux petites roues à rochet 4, lesquelles impriment un mouvement de secousse à l'épurateur.

PLANCHES 43 ET 44.

PRESSE MÉCANIQUE D'IMPRIMERIE, PAR M. THONNELIER.

Cette presse, dont toutes les parties sont en fonte de fer, est mue soit par une manivelle, soit par une machine à vapeur. — Elle se compose principalement d'un chariot B (pl. *44*), portant les deux formes de caractères D, D'', recto et verso de la feuille, et qui prend un mouvement horizontal de va-et-vient sur des galets C', au moyen d'une crémaillère double u', menée par un pignon M''. — A chaque extrémité du chariot sont adaptés les encriers C qui se meuvent avec lui, et qui passent alternativement sous des rouleaux K *étendeurs* et L *distributeurs* de l'encre.

La pression est opérée par deux tambours de fonte E, F. La feuille de papier à imprimer est conduite sur le premier tambour E, où elle est maintenue par un système de cordons N ingénieusement combiné. Cette feuille s'applique d'abord sur les caractères de la première forme D, dont elle reçoit l'empreinte; de là, après avoir passé sur deux cylindres intermédiaires M, M', elle est transportée sur le second tambour F, en présentant sa face opposée, qui est appliquée sur la seconde forme D'' ou le verso, dont elle reçoit également l'empreinte; finalement, elle se relève d'elle-même de dessus cette forme, et se place sur une table Z disposée à cet effet.

EXPLICATION DES PLANCHES 43 ET 44.

Les mêmes lettres désignent les mêmes objets dans toutes les figures des deux planches.

A A Banc ou sommier en fonte de la Presse.

A' Bâtis établis sur le sommier, portant les tambours de pression et les autres parties du mécanisme.

B Chariot portant les formes d'imprimerie.

C C Tables en bois d'acajou, adaptées au chariot B, et formant l'encrier.

C C' Galets sur lesquels roulent les tables précédentes et le chariot : ils sont placés au-dessous et de chaque côté du bâti.

DD' Formes d'imprimerie.

E Premier tambour de pression.

F Second tambour de pression ou de retiration.

G Rouleaux alimentaires de l'encre.

H Auge ou réservoir de l'encre.

I Rouleau qui se charge de l'encre déposée sur le rouleau G, et l'étend sur l'encrier C.

K Rouleaux *étendeurs*, placés obliquement par rapport à l'encrier.

L Rouleaux *distributeurs* de l'encre sur les caractères.

MM' Cylindres placés entre les tambours de pression, et sur lesquels passent les cordons qui embrassent tout le système.

N N Cordons sans fin, passant successivement sur les tambours et cylindres précédents, et sur les rouleaux de renvoi O O O.

P Poulies destinées à tendre les cordons lorsqu'ils sont relâchés. Pour cet effet, la queue Q de la chappe est engagée dans une mortaise ; où elle est arrêtée à la hauteur voulue par une vis de pression R.

S Table sur laquelle passent les cordons sans fin *p*, qui reçoivent successivement les feuilles de papier à imprimer ; ces feuilles sont immédiatement entraînées par le mouvement des cordons sur le premier tambour de pression E.

S'' Table sur laquelle on place en tas les feuilles à imprimer.

T T Cordes qui embrassent la poulie à gorge U, montée sur l'axe des rouleaux alimentaires de l'encre, et leur impriment le mouvement de rotation.

V V Poulies destinées à tendre les cordes T. Elles sont fixées à une douille X, qui monte et descend le long d'un support vertical Y, et qu'on arrête à la hauteur voulue, par une vis de pression *a*.

Z Table qui reçoit les feuilles imprimées sur les deux faces.

b Contre-poids suspendu à une courroie *c*, passant sur une poulie de renvoi *d*, et s'enroulant sur la poulie *e* ; il est destiné à ramener dans sa position primitive, un secteur denté *f*, monté sur l'axe de la poulie *e*, et qui engrène à chaque tour dans un autre secteur denté *j*, fixé sur la grande roue A''.

g Levier fixé au secteur *f*, et sur lequel presse un taquet cylindrique *h*, qui fait partie du secteur *j*, et détermine ainsi l'engrènement des secteurs *f* et *j* ; l'action du contre-poids *b*, sur le secteur *f* est limitée par la courroie *c'*, fixée en un point de la circonférence de la poulie *e*.

i i Coussinets qui reçoivent les tourillons des rouleaux étendeurs et distributeurs de l'encre.

k Vis de rappel au moyen de laquelle on fait descendre les coussinets du tambour M'.

l Vis de rappel servant à tendre le blanchet sur les tambours E et F, au moyen du levier *m*. Le bout de cette vis reçoit un écrou à oreille *n*, s'appuyant sur une poupée *o*, fixée dans l'intérieur du cylindre.

p Cordons sans fin, passant sur la table S.

q Règle placée derrière le rouleau alimentaire G, et servant à égaliser la couche d'encre que le rouleau prend dans l'auge H.

R Vis de rappel qui détermine la distance de la règle *q*, au rouleau G.

S Taquet qui règle la position de la feuille, et la pousse en avant pour la mettre en prise.

U Châssis portant le rouleau I.

V Axe autour duquel tourne ce châssis.

X Croisillon vertical, qui fait mouvoir un engrenage d'angle *z*, fixé sur la tringle *y*. Cette tringle a toute la longueur du cylindre M', et passe à quelques pouces au-dessus ; l'engrenage d'angle *z* fait descendre la vis du coussinet opposé ; ainsi, en faisant agir la croisillon *x* en même temps qu'un autre croisillon *a*, monté sur la tête de la vis de rappel antérieure *h*, on abaisse simultanément les deux coussinets.

a Croisillon horizontal au moyen duquel on fait descendre la vis *k*, qui appuye sur la partie supérieure *b'* du coussinet du cylindre M'.

b'' Partie inférieure de ce coussinet.

d d' Jumelles entre lesquelles montent et descendent les coussinets.

e' Vis de rappel qui élève la partie inférieure du coussinet.

A'' Grande roue dentée montée sur l'axe du premier tambour de pression.

B' Autre roue dentée fixée sur le même axe, et qui mène, d'une part, une roue plus petite C'', disposée au-dessus, et de l'autre une roue D', adaptée à l'axe du cylindre intermédiaire M, laquelle engrène dans une roue E', montée sur le second cylindre M'.

C'est de cette manière que le mouvement de rotation se transmet au premier tambour presseur, et conduit la feuille imprimée d'un côté, pour la retourner et la soumettre à la *retiration*, opérée par le tambour F. Celui-ci est mené par la grande roue dentée F'', dans laquelle engrène la roue A''.

Sur l'axe de la roue F' sont fixés deux excentriques G' G', embrassés par les anneaux des bielles H' H', qui font mouvoir des équerres I' I', mobiles sur des patins J' J'. A ces équerres sont attachées de longues tringles inclinées K' K', qui transmettent le mouvement de va-et-vient qu'elles reçoivent à des leviers L' L' ; ces leviers font basculer un châssis *u*, qui porte le rouleau I, et l'applique alternativement contre le rouleau G, afin qu'il se charge d'encre, et le laisse retomber sur l'encrier C, qu'il couvre ainsi de l'encre déposée à sa surface.

M'' Pignon engrenant dans la crémaillère.

N' Roue d'angle montée sur l'axe vertical de ce pignon.

O' Pignon moteur engrenant dans la grande roue dentée F'. Sur l'axe de ce pignon est placée une roue d'angle P' qui mène celle N'.

Q' Système de leviers formant parallélogramme, à l'aide duquel le mouvement latéral de la crémaillère s'opère suivant une ligne perpendiculaire à la direction du mouvement du chariot. Ce transport de la crémaillère est déterminé par le passage du pignon M'.

R' Coulisse dans laquelle passe une pièce S', qui guide le mouvement de la crémaillère, lorsqu'elle passe d'un côté à l'autre par l'action du pignon M''.

T' T' Vis de rappel qui règle la distance des coulisseaux.

U' Crémaillère double à denture extérieure, au moyen de laquelle on imprime un mouvement de va-et-vient au chariot.

V' Roue dentée à laquelle on applique la manivelle, lorsqu'on ne dispose pas d'un autre moteur ; elle porte un volant de un mètre trente-deux centimètres de diamètre.

PLANCHE 45.

MOULIN A FARINE MODERNE

LÉGENDE.

A Bâti du moulin en bois de chêne.

B Axe du moteur en fonte. Il reçoit son mouvement d'une roue hydraulique ou d'une machine à vapeur.

C Manchon ou boîte en fonte réunissant les deux pièces de l'arbre B.

D Paliers en fonte, garnis de coussinets, dans lesquels tourne l'arbre moteur.

E Roue d'angle en fonte d'un mètre trente centimètres de diamètre, garnie de quatre-vingt-quatre alluchons en bois dur fixés dans des mortaises.

F Autre roue d'angle engrenant avec la précédente. Elle est fixée à demeure sur l'arbre vertical G en fonte, son diamètre est de un mètre quinze centimètres. Elle porte soixante-douze dents.

G Arbre vertical. Son pivot inférieur en acier est reçu dans la crapaudine *a*, le bout supérieur de l'axe central est maintenu par le collet de cuivre *b*.

H Grande roue d'engrenage en fonte, de deux mètres soixante centimètres de diamètre, fixée à demeure sur l'arbre G. Elle est garnie de cent trente-six alluchons en bois.

I, I Roues d'engrenage en fonte, de quatre-vingt-onze centimètres de diamètre, montées sur les axes J des meules et commandées par la grande roue H. Elles sont disposées de manière à pouvoir s'élever au-dessus du plan de cette grande roue, en sorte que, n'engrenant plus, le mouvement des meules est suspendu sans arrêter le moteur.

K Mécanisme servant à faire monter les roues I I, à l'aide d'une vis à béquille dont la tête soulève les axes J.

L Pièces de fonte sur lesquelles sont placées les crapaudines des axes J des meules. Elles sont mobiles dans le sens vertical au moyen de la vis à béquille M ; en sorte qu'on peut régler la distance de la meule tournante à la meule fixe.

P Boîte ou archure entourant les meules de gauche. La boîte a été enlevée du côté droit pour faire voir le mécanisme des meules.

Q Trémies. R Augets. S Anille. T Boitillon.

c Basillards ou agitateurs. *d* Cordes à guinder les augets.

U Tuyaux de toile amenant le blé du grenier dans la trémie.

V Axe en fonte servant à faire monter les sacs pleins dans le grenier. Il reçoit son mouvement de l'axe vertical B, au moyen de la courroie *e* et des poulies *f*, *f*.

X Poulies montées sur l'arbre V et communiquant, par frottement, leur mouvement aux poulies *g* et aux rouleaux *h* sur lesquelles s'enroulent les cordes.

o Ces mêmes cordes, passant au grenier sur des poulies de renvoi, viennent prendre les sacs au rez-de-chaussée. L'axe *i* de ces rouleaux est porté par des leviers mobiles *j*, fixés aux cordes *k* qu'on manœuvre avec un treuil et par lesquelles on augmente la friction des poulies X *g*, suivant le poids du fardeau à enlever.

Y, *l* Poulies montées sur l'axe Y, servant à faire mouvoir le blutoir et le tarare ou machine à nettoyer le blé.

Z Coffres en bois, contenant les blutoirs dans lesquels tombe la farine. *m* Ouverture fermée d'un rideau de toile, permettant d'introduire la main dans le blutoir pour reconnaître la qualité de la farine. *n* Porte, à coulisse, pour retirer le son et la farine.

HACHE-PAILLE A LAMES EN HÉLICE.

Cette machine est destinée à couper la paille ou le foin pour la nourriture des bestiaux.

A Auge en bois, tenue par deux crochets *a* à la machine et à son extrémité opposée, par le pied avec charnière *b*.

La paille, jetée par poignée dans cette auge, est entraînée par les cylindres alimentaires qui l'amènent sous le tambour que fait tourner un homme avec une vitesse de quarante tours par minute. Ce tambour est garni de lames tranchantes en hélice.

B Volant en fonte de fer, placé en dehors du bâti C, sur l'arbre du tambour qui reçoit un pignon engrenant avec la roue D. Un homme le fait tourner au moyen de la manivelle C.

C Bâti en bois.

D Roue d'engrenage en fonte, de quatre-vingt-seize dents, fixée sur l'arbre du cylindre alimentaire inférieur, lequel reçoit son mouvement du pignon monté sur l'arbre du tambour et du volant de douze dents.

E Support en fonte, fixé sur le bâti par des boulons et portant les coussinets de l'arbre du tambour.

F Cercles en fonte garnis de quatre lames en hélice *d d'*, etc.

MM' Deux roues en fonte, la première recevant son mouvement de la grande roue D pour le communiquer ensuite aux deux cylindres alimentaires, dont un est uni, celui de l'arbre de la roue M, l'autre est cannelé en rochet et reste éloigné du premier de quatorze à seize millimètres.

PLANCHE 46.

MOULIN A L'HUILE.

Figure 1re. Elévation de face ; les meules sont vues suivant leur épaisseur.

Figure 2e. Vue de profil ; coupe par-devant la meule B' (celle B étant enlevée dans la coupe) ; elle est vue dans la circonférence.

LÉGENDE. (Voy. fig. 1 et 2.)

A Meule dormante sur laquelle roulent les meules verticales B, B', et qui reçoit la graine à froisser.

B, B' Meules verticales, centrées sur un essieu commun I, qui passe dans une entaille oblongue *i*, pratiquée dans l'arbre vertical D (fig. 2).

C Partie en fonte, formant bâti entre les deux poteaux en bois, et qui reçoit le palier *c*, dans lequel passe l'arbre D.

D Arbre vertical, qui entraîne par son mouvement, qu'il reçoit de la roue d'angle horizontale K, les meules B, B'

E Pont en fonte placé dans une voûte, sous la maçonnerie F.

F Massif en maçonnerie, sous la meule dormante A.

G Caisse circulaire en bois, encastrée dans la meule dormante, jusqu'à la partie qui reçoit l'effet des meules verticales.

H Pièce passant par le centre de la meule dormante, et posant sur le pont E à son extrémité inférieure ; son extrémité supérieure porte la crapaudine *a*, qui reçoit l'arbre vertical D.

I Essieu commun aux deux meules, passant par la partie oblongue *i* de l'arbre D. Dans cette partie se trouvent des lames en bronze qu'on remplace lorsqu'elles sont usées. Par la disposition de l'entaille oblongue *i* de l'arbre D, on voit que les meules agissent par leur propre poids. En décrivant sur la meule dormante un cercle, elles pivotent sur le milieu de leur épaisseur, et la graine se trouve non-seulement écrasée par leur poids, mais froissée par un mouvement de torsion et rejetée des deux côtés. Ce mouvement empêche la graine de s'entasser sous la pression des meules.

J Levier servant à soulever le ramasseur N, et qui se trouve toujours engagé sous le taquet *j*, pendant le froissage. Cette opération terminée, on l'abaisse.

K Roue d'angle, recevant son mouvement d'une autre roue d'angle verticale, qui le reçoit de la machine à vapeur pour le transmettre à l'arbre vertical D.

L Traverse en fonte qui maintient les racloirs M, R, par leurs tiges. Les tiges *b*, *b*, qui s'attachent après le ramasseur N, sont mobiles pour le mouvement de relevage du levier J.

M Racloir fixe, en bois garni de tôle, qui ramène sous les meules la graine qui s'échappe vers la circonférence.

N Ramasseur mobile en fer, fixé aux tiges *b*, *b*, par des écrous.

O Seconde traverse en fonte, remplissant les mêmes fonctions que la traverse L.

P Vanne pour le passage de la graine au bassin, lorsque le froissage est terminé et que le ramasseur N se trouve, après le décrochement du levier J, en contact avec la meule dormante.

R Racloir fixe en fer, qui ramène, comme celui M, la graine qui s'échappe vers le centre.

a Crapaudine placée dans la pièce H, et recevant l'arbre D.

b, *b* Tige du ramasseur mobile.

b' Tige du racloir fixe.

c Palier collier fixé sur le bâti C, servant au passage de l'arbre D.

d Tête fixée au bout de l'essieu I, pour maintenir la meule.

e Rondelle à oreilles, traversant la meule par des boulons.

f Vis à caler, pour soulever ou descendre la crapaudine *a*.

g Boîte qui empêche la graine de s'échapper par l'œil de la meule dormante.

h Cale en bois qui empêche l'effort d'avoir lieu sur les vis *f* pendant l'action. Cette cale se manœuvre au moyen des cordes *m*, *m*.

i Entaille oblongue de l'arbre D, pour le passage de l'essieu et son libre mouvement.

j (Fig. 2). Taquet fixé sur le montant du racloir M, servant à maintenir le levier J, quand le ramasseur est dans la position ponctuée *o o o*.

KK Rondelles d'écartement, qui, avec les têtes *d d*, clavetées sur l'essieu I, maintiennent les meules B et B'.

o o o Position ponctuée du ramasseur, quand le froissage n'est pas arrivé à un degré convenable pour faire passer la graine de la vanne au bassin.

PLANCHE 47.

MACHINE A IMPRIMER A TROIS COULEURS A LA FOIS SUR LES INDIENNES, LAINAGES, ETC., DITE PERROTINE.

M. Perrot est l'inventeur de cette ingénieuse machine, qui imprime les toiles à l'aide de planches plates gravées en relief. Cet appareil remplace avantageusement le travail à la main et marche avec une grande régularité. On applique facilement, par son moyen, les mordants, les rongeurs, les réserves ; enfin, deux ouvriers suffisent pour la faire marcher.

Figure 1re. Section verticale de la machine. Les mêmes lettres désignent les mêmes objets dans les deux planches.

Les principales pièces de cette machine sont les suivantes :

1° Le bâti en fonte A, sur lequel sont attachées les pièces fixes.

2° La table en fonte B (fig. 3), qui a trois faces bien dressées I, I, I, sur lesquelles s'opère l'impression. Elle porte à ses quatre angles des rouleaux 2, 2, 2, 2, garnis de pointes d'aiguilles rayonnantes à leur surface et saillantes de quatre à cinq millimètres, afin d'empêcher le glissement des toiles qui passent dessus.

3° Les chariots C, C', C'', portant les planches gravées 3, 3, 3.

Ces planches sont vissées sur des plateaux 4, 4, 4, montés à coulisse sur les chariots.

Les chariots glissent dans des coulisses; le mouvement leur est imprimé par des arbres à manivelle 5, 5, 5, dont les supports reposent sur le bâti. Les manivelles 6, 6, 6, jouent dans des fourches 7, 7, 7, articulées, par une vis à crapaudine, avec les chariots. Des ressorts 8, 8, liés au chariot, en opèrent le mouvement rétrograde toutes les fois que les arbres 5, 5, ne les poussent pas en avant. Quant au chariot inférieur C'', il prend son mouvement rétrograde naturellement par son propre poids, qu'il faut d'ailleurs équilibrer au moyen du contre-poids 9.

Les châssis à couleur D, D', D'', sont articulés avec des leviers qui reçoivent, du moteur général, le mouvement qui convient à leurs fonctions. Ces châssis, qui sont mobiles dans des coulisses placées sur les côtés de la table B, prennent la couleur sur les rouleaux 10, 10 des distributeurs, en glissant tangentiellement à ces rouleaux. La couleur est étendue bien uniformément par les brosses fixes 11, 11. C'est de cette manière que les planches viennent prendre leur couleur sur les châssis, dont le fond plat est garni de drap.

4° Les distributeurs mécaniques E, EE'', composés chacun d'une auge en bois remplie de couleur, d'une paire de rouleaux en cuivre 10, 10, et d'autres rouleaux 12, 12, qui se chargent de matière colorante dans l'auge et en donnent aux rouleaux 10, 10, couverts de drap.

5° Le régulateur ou appareil de division, destiné à délivrer convenablement la toile qu'on veut imprimer. Le mouvement de cette toile n'est pas continu, car il y a nécessairement arrêt chaque fois que la toile doit avancer exactement de la largeur de la planche gravée.

Dans ce but, les axes des rouleaux 2, 2, 2, fixés à la table B, sortent de cette table; ils portent quatre roues 16 (fig. 1re), ayant chacune le même nombre de dents et recevant leur mouvement d'une roue centrale 17, montée sur un petit prisonnier fixé sur le bâti. Cette roue est placée derrière une autre roue 18, recevant un mouvement alternatif d'une crémaillère droite fixée dans une pièce 19, qui monte et descend alternativement, parce qu'elle est attachée à un des rayons de la roue 20, ce qui forme manivelle. En variant la course de cette pièce, c'est-à-dire la position du point d'attache, on obtiendra le passage de plus ou moins de dents de la roue 18, ce qui fera varier la marche de la toile.

Un encliquetage à rochet 21 règle la marche. Un frein, composé d'une poulie montée sur l'axe de la roue 18 et d'un fil de laiton qui fait un tour et demi à deux tours dessus, puis est tendu par le poids 22, offre une résistance suffisante pour empêcher tout recul.

6° La toile sans fin, le doublier et les pièces propres à les recevoir.

La toile sans fin F, ordinairement en drap, embrasse un rouleau 23 garni de pointes d'aiguilles rayonnantes à la surface, afin d'empêcher le glissement des toiles. Cette toile passe sur un rouleau 24 garni de drap ; de là elle vient s'appuyer sur un rouleau 25, puis embrasse la table B, en s'appuyant sur les quatre rouleaux 2, 2, 2, 2, aussi garnis de pointes d'aiguilles; de là elle remonte vers le rouleau 23, d'où elle était descendue. Pour entretenir toujours la même tension de la toile sans fin, le rouleau 23 est mobile perpendiculairement à son axe, au moyen de deux vis de réglage 26.

Le doublier 27 est aussi une toile sans fin en gros drap ou forte étoffe de laine. Il passe à travers les barres fixes 28, 28, qui l'étendent; puis, s'appuyant sur le rouleau 25, il s'y réunit à la toile sans fin F, chemine avec elle sur les rouleaux 2, 2, puis remonte avec elle vers le rouleau 23.

L'étoffe à imprimer G est enroulée sur une ensouple H et passe entre les barres qu'elle rencontre, ce qui fait disparaître tous les plis ; alors elle arrive sur le rouleau 25, s'y réunit au doublier 27 et à la toile sans fin F, puis chemine avec eux, embrassant ainsi les trois faces de la table B, remonte aussi avec eux jusqu'au rouleau 23, d'où elle est reçue dans un étendage ou dans des paniers.

Le mouvement est imprimé à la machine par un homme appliqué à une manivelle fixée à l'arbre 5. Cette manivelle met en mouvement directement le chariot C'', puis elle communique le même mouvement aux deux autres chariots, au moyen des roues 34 et 35, et des roues intermédiaires 36 et 37. Quant au mouvement du châssis, il résulte de celui d'un excentrique placé également sur un arbre moteur 5. — Cet excentrique met en mouvement l'arbre 28, lequel, au moyen de bras diversement articulés avec les châssis, les fait avancer tous trois; enfin, le régulateur ou appareil de division se meut par la roue 20, un autre excentrique étant placé sur son arbre.

PLANCHE 48.

SCIE VERTICALE A DEBITER LE BOIS EN GRUME, ÉTABLIE DANS L'USINE DE M. MANNEVILLE, A TROUSSEBOURG, PRÈS HONFLEUR.

La grande scie à débiter les bois en grume est à trois lames verticales fixées dans un châssis qui monte et descend, en suivant des coulisses et des tringles de fer.

Les pièces de bois sont placées sur un chariot qu'un rouet et un levier coudé attaché au châssis font avancer, et dont la marche est facilitée par des rouleaux.

La course des lames est de $0^{m}50$, et l'on obtient quatre-vingts coups de scie par minute.

Cette scie se compose de deux montants ou jumelles A, A, de 5 mètres de hauteur, établis verticalement à $1^{m}65$ au-dessous du niveau du sol, et solidement réunis par des traverses; — d'un chariot B, sur lequel se place l'arbre P, et qui porte en dessous, de chaque côté, une crémaillère G de 6 mètres de longueur, dans laquelle engrènent des pignons H, montés sur l'arbre I.

Pour faciliter le mouvement horizontal de ce chariot, il repose sur un certain nombre de rouleaux C, portés par des axes V, dont les tourillons tournent librement dans des coussinets fixés à l'intérieur de deux pièces de bois D, parallèles, horizontales et unies, de distance en distance, par des traverses E. — Ces pièces de bois D reçoivent, vers le milieu de leur longueur, les jumelles A, qui y sont fixées par des boulons, et portent, à des distances assez rapprochées, des deux côtés et en regard l'un de l'autre, des galets horizontaux F, entre lesquels passe le chariot B.

Le châssis porte-scie K monte et descend verticalement le long de quatre boulons L, fixés contre les montants ou jumelles A.

Le mouvement du châssis est réglé de manière à ce qu'il n'avance qu'au moment où la scie remonte.

M sont des étriers à écrou passant dans la traverse inférieure du châssis porte-scie K, et auxquels sont attachées les lames de scie. Celles-ci sont soutenues, à leur extrémité supérieure, par des étriers N, qui ne portent pas de boulons à écrou comme ceux M, mais qui reposent sur une lame en fer plate *p*, passant dans les mortaises de deux boulons *oo*, lesquels, après avoir traversé le sommier supérieur, sont arrêtés par des écrous : c'est au moyen de ces écrous qu'on opère la tension graduelle des lames de scie.

J Grande roue à rochet, montée sur l'axe I, et au moyen de laquelle on fait avancer le chariot.

O Denture qui porte une des joues de la roue à rochet, et dans laquelle engrène un pignon *y*, qu'on fait tourner quand on ramène le chariot au point du départ.

Q Pied-de-biche dont le bout s'engage successivement dans les dents du rochet.

R Levier mobile appuyé sur le châssis porte-scie, et dont le centre de mouvement est sur la cheville S, implantée dans un montant T. A chaque levée du châssis porte-scie, ce levier pousse le pied-de-biche Q, qui, à son tour, fait avancer le rochet J, en s'engageant successivement dans ses dents.

t, Cliquet qui empêche le retour du rochet.

y Pignon qui engrène dans la denture O.

U Bielle en bois communiquant à la scie le mouvement qu'elle reçoit du moteur placé au-dessus du plancher.

X Charnière à écrou qui lie le châssis porte-scie K à la bielle précédente.

Y Poupée fixée par quatre forts boulons à la tête du chariot. On y place deux ou trois rangs de fers tranchants et pointus, servant à assujettir l'arbre.

Z Autre poupée semblable à la précédente, mais qu'on peut faire avancer ou reculer sur le chariot. Elle est garnie de deux rangées de fers destinés à maintenir l'arbre sur le chariot.

PLANCHE 49.

SCIE CIRCULAIRE.

La scie circulaire employée dans l'usine de M. de Manneville, à Troussebourg, pour réduire en planches de gros madriers, est très-simple. Elle peut débiter, en deux minutes, vingt-sept planches de tilleul de $1^{m}48$ de longueur sur $0^{m}09$ de largeur. Chaque scie a de $0^{m}20$ à $0^{m}75$ de diamètre.

Dans l'épaisseur du banc ou établi A est pratiquée une rainure dans laquelle passe une chaîne à la Vaucanson. En tête de cette rainure est disposé un pignon C, qui commande la chaîne sans fin B, et dont les dents s'engagent successivement dans ses maillons.

A l'extrémité du banc A est montée une poulie D, qu'embrasse la chaîne. L'axe du pignon C porte, à son extrémité opposée, une roue dentée E de 42 centimètres de diamètre, qui est menée par un petit pignon F. L'arbre de ce pignon traverse toute la largeur du banc et reçoit une manivelle G, que l'ouvrier tourne pour faire approcher le madrier O de la scie. Ce madrier, qui roule sur deux galets, est poussé en avant par une griffe H, dont le crochet *a* s'engage dans les maillons de la chaîne. L'ouvrier soutient le madrier de la main droite, tandis que, de la gauche, il tourne la manivelle plus ou moins vite, suivant la résistance que le bois oppose.

Le guide J, destiné à déterminer les épaisseurs des planches à scier, est porté sur trois patins U, U, percés d'une fente latérale dans laquelle passe une vis *b* fixée au milieu des coulisses transversales du banc A. On arrête le guide sur cette coulisse, à l'aide des écrous à oreilles *c*, selon l'épaisseur des planches qu'on veut débiter.

En avant du guide est fixé un montant en fer K, percé, à sa partie supérieure, d'une longue mortaise *d*, dans laquelle on fait entrer et glisser à volonté une tige dont le bout taraudé passe dans la coulisse, où il est arrêté par un écrou, à la hauteur voulue pour laisser passer dessous le madrier à débiter.

Sur cet arbre sont enfilées deux pièces de fer M correspondantes, qu'on arrête par des vis de pression N, N. Ces pièces portent chacune des vis *o*, passant dans des écrous pratiqués dans la partie inférieure des pièces M. Le bout des vis *o*, qui vient appuyer contre les lames de scie, est creusé pour recevoir une petite rondelle en cuir gras qui adoucit le frottement.

A l'aide de ces deux guides, qu'on arrête à l'endroit convenable sur la tige L, la scie *g* se trouvera convenablement soutenue au-dessus du travail, de manière à ne pas fouetter.

PLANCHE 50.

PETITE MACHINE A RABOTER.

Cette machine, à laquelle on a également donné le nom de *Limeuse*, est spécialement construite pour raboter de petites pièces. — Elle se compose d'un arbre horizontal A, excentré à son extrémité, et qui communique, au chariot B, un mouvement de va-et-vient qui fait agir l'outil C.

La pièce à raboter est prise dans l'étau D. Cet étau, placé sur le chariot horizontal F, peut se promener au moyen d'une vis K. Une vis de pointage E fait monter ou descendre le chariot.

Pour raboter les pièces circulaires, on se sert de la tige en fer L, qui reçoit, par derrière, le mouvement d'une vis sans fin, mise en mouvement par l'excentrique M, fixé sur l'arbre moteur. Cette machine sort des ateliers de M. Decoster.

TABLE DES MATIÈRES.

FIN DE LA TABLE DES MATIÈRES.

MOUVEMENTS MÉCANIQUES.

Pl. I.

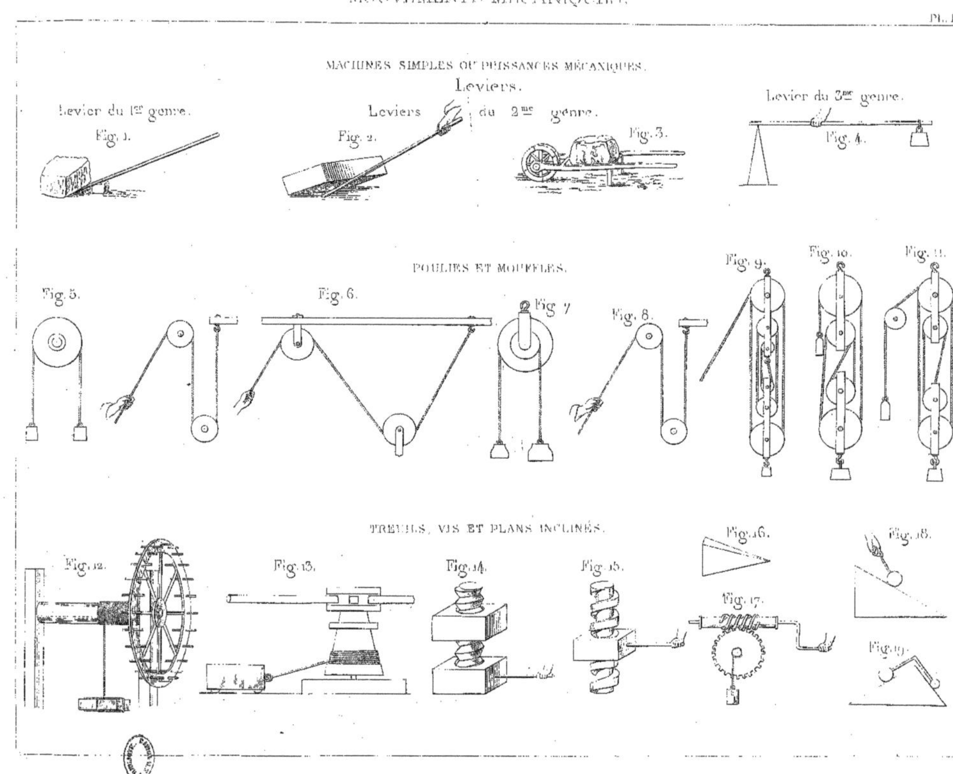

MOUVEMENTS MÉCANIQUES.

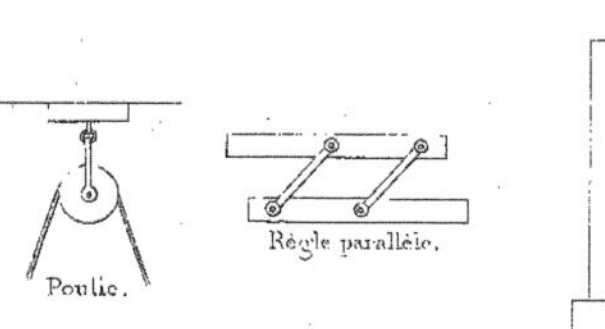

Changement d'un mouvement rectiligne continu en un autre de même nature.

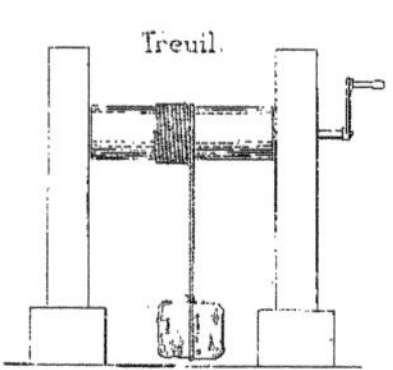

Mouvement rectiligne continu changé en circulaire.

Deux roues peuvent tourner ensemble du même côté ou en sens inverse en croisant la courroie.

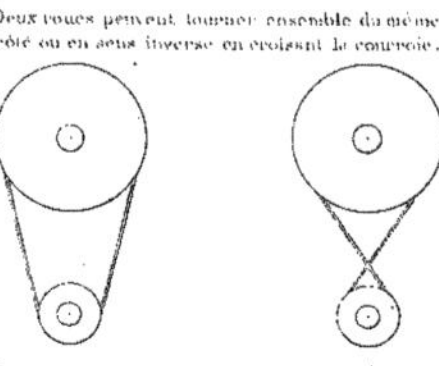

Le mouvement inverse ci contre se transmet ordinairement par des roues dentées.

Pignon.

Exemples de mouvement circulaire continu produisant le même mouvement.

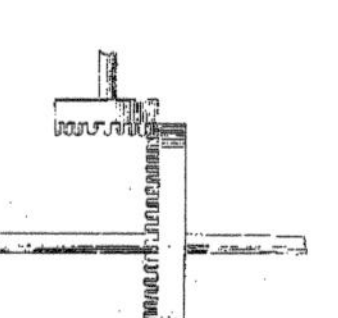

Roues de champ. Les dents sont parallèles à l'axe de rotation.

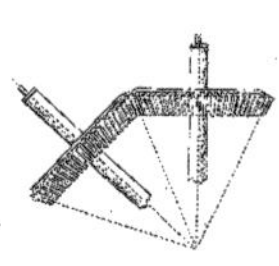

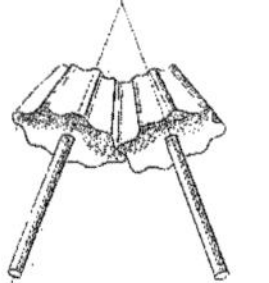

Diverses espèces de roues d'angle

VOLANT. Roue massive servant à régulariser un mouvement de rotation continu.

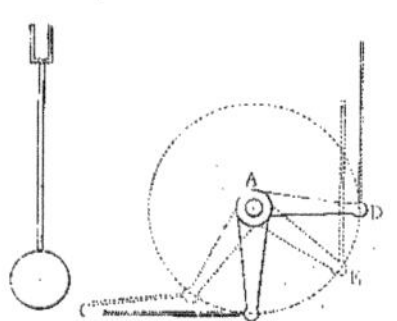

Balancier servant à régulariser et modérer le mouvet

Le mouvement de la branche A C vers C, produit celui de la branche A D vers E.

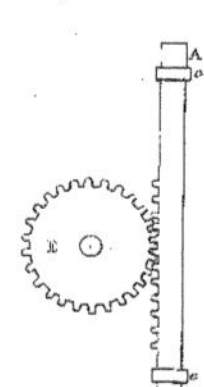

Mouvemt rectiligne alternatif changé en circulaire alternatif par l'action de la cremaillère A.B glissant de haut en bas, et de bas en haut dans les brides C C et engrenant la roue dentée E.

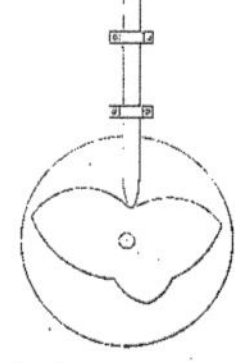

Mouvement circulaire continu changé en mouvement rectiligne alternatif. Sur la roue A B est fixée une courbe en relief, de forme quelconque, C, D, E, le point F de la tige F G porte sur cette courbe et reçoit un mouvemt alternatif dont la vitesse est modifiée par la forme de la courbe.

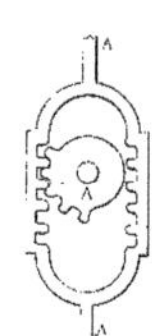

Mouvement circulaire continu converti en mouvement alternatif rectiligne, le pignon fait successivement monter et descendre la tige de piston A A.

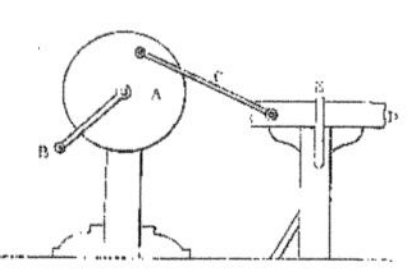

La roue A, mise en mouvement par la manivelle B, produit, au moyen de la bielle C, un mouvemt de va et vient dans la pièce D, maintenue par la bride E.

MOUVEMENTS MÉCANIQUES.

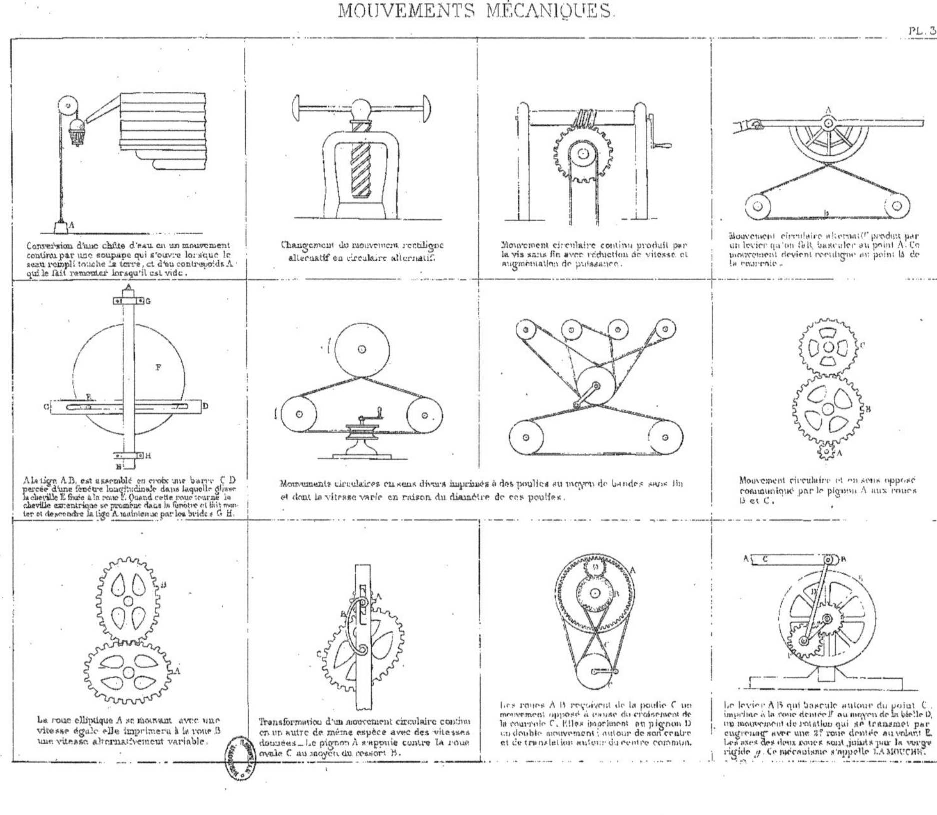

MOUVEMENTS MÉCANIQUES.

PL. 4.

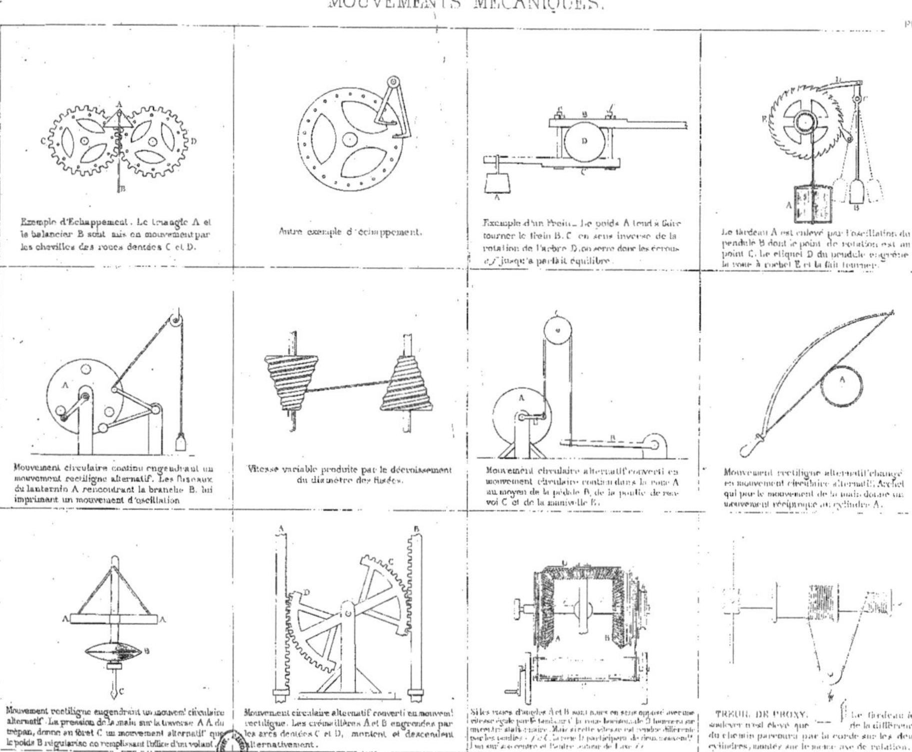

Exemple d'Échappement. Le triangle A et le balancier B sont mis en mouvement par les chevilles des roues dentées C et D.

Autre exemple d'échappement.

Exemple d'un Frein. Le poids A tend à faire tourner le frein B. C en sens inverse de la rotation de l'arbre D, on serre donc les écrous e, f jusqu'à parfait équilibre.

Le fardeau A est enlevé par l'oscillation du pendule B dont le point de rotation est au point C. Le cliquet D du pendule engrène la roue à rochet E et la fait tourner.

Mouvement circulaire continu engendrant un mouvement rectiligne alternatif. Les fuseaux de la lanterne A rencontrant la branche B lui imprimant un mouvement d'oscillation.

Vitesse variable produite par le décroissement du diamètre des fusées.

Mouvement circulaire alternatif converti en mouvement circulaire continu dans la roue A au moyen de la pédale B, de la poulie de renvoi C et de la manivelle E.

Mouvement rectiligne alternatif changé en mouvement circulaire alternatif. Archet qui par le mouvement de la main donne un mouvement réciproque au cylindre A.

Mouvement rectiligne engendrant un mouvement circulaire alternatif. La pression de la main sur la traverse A A du trépan, donne au foret C un mouvement alternatif que le poids B régularise en remplissant l'office d'un volant.

Mouvement circulaire alternatif converti en mouvement rectiligne. Les crémaillères A et B engrenées par les arcs dentés C et D, montent et descendent alternativement.

Si les roues d'angles A et B sont mues en sens opposé avec une vitesse égale par le [illegible] la roue horizontale D [illegible] stationnaire. Mais si cette vitesse est rendue différente par les [illegible] la roue D participera de deux mouvements l'un sur son centre et l'autre autour de l'axe [illegible]

TREUIL DE PRONY. Le fardeau à soulever n'est élevé que [illegible] de la différence du chemin parcouru par la corde sur les deux cylindres, montés sur le même axe de rotation.

PL. 5.

ROUES HYDRAULIQUES.
Roue de côté.
Vanne
Roue en dessous à aubes courbes.
Vanne
Roue à aubes ou en dessous.
Vanne
Pertuis
Tympan.
Élévation.
Roue en dessus ou à augets.
Coupe.

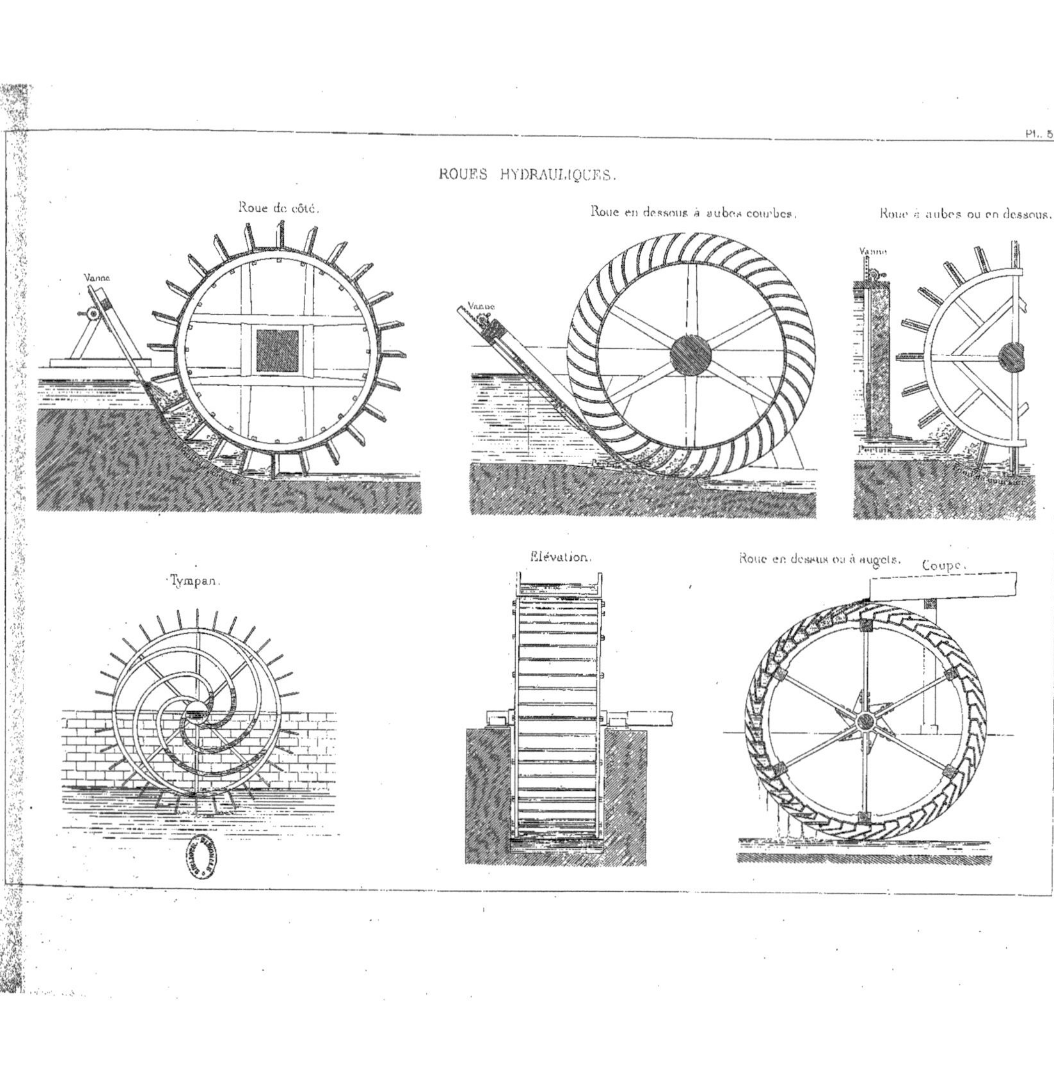

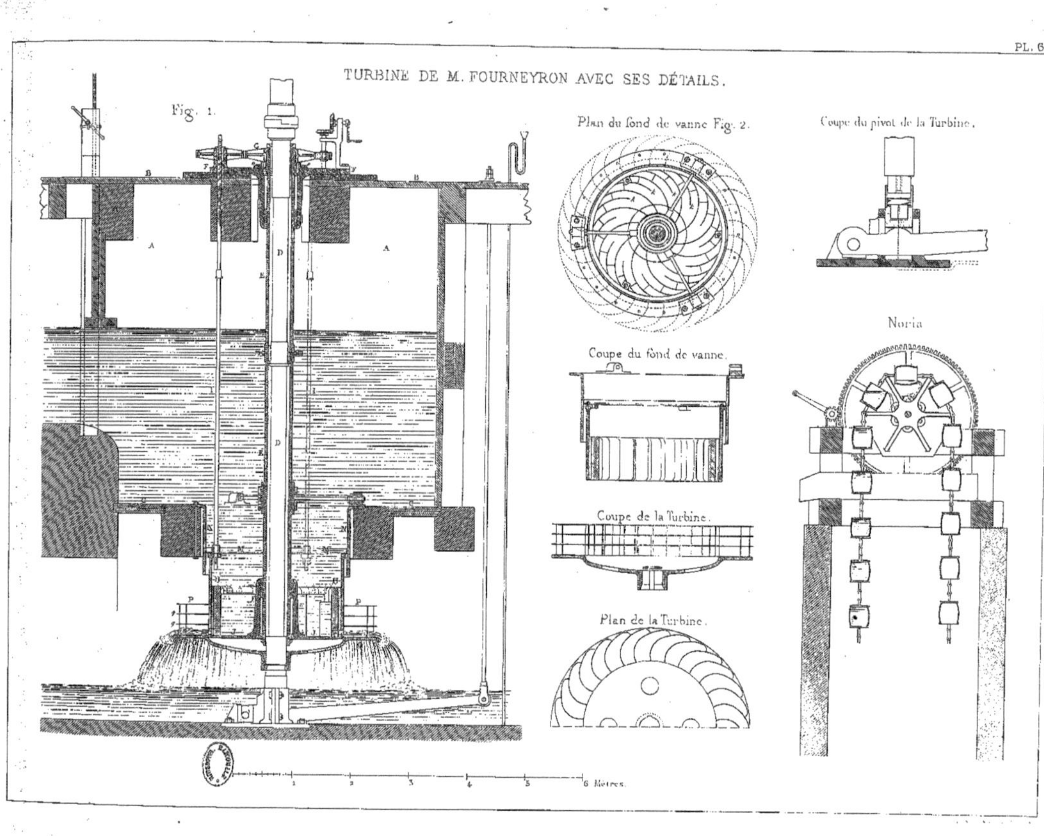
TURBINE DE M. FOURNEYRON AVEC SES DÉTAILS.
Fig. 1.
Plan du fond de vanne Fig. 2.
Coupe du pivot de la Turbine.
Noria
Coupe du fond de vanne.
Coupe de la Turbine.
Plan de la Turbine.
6 Mètres.

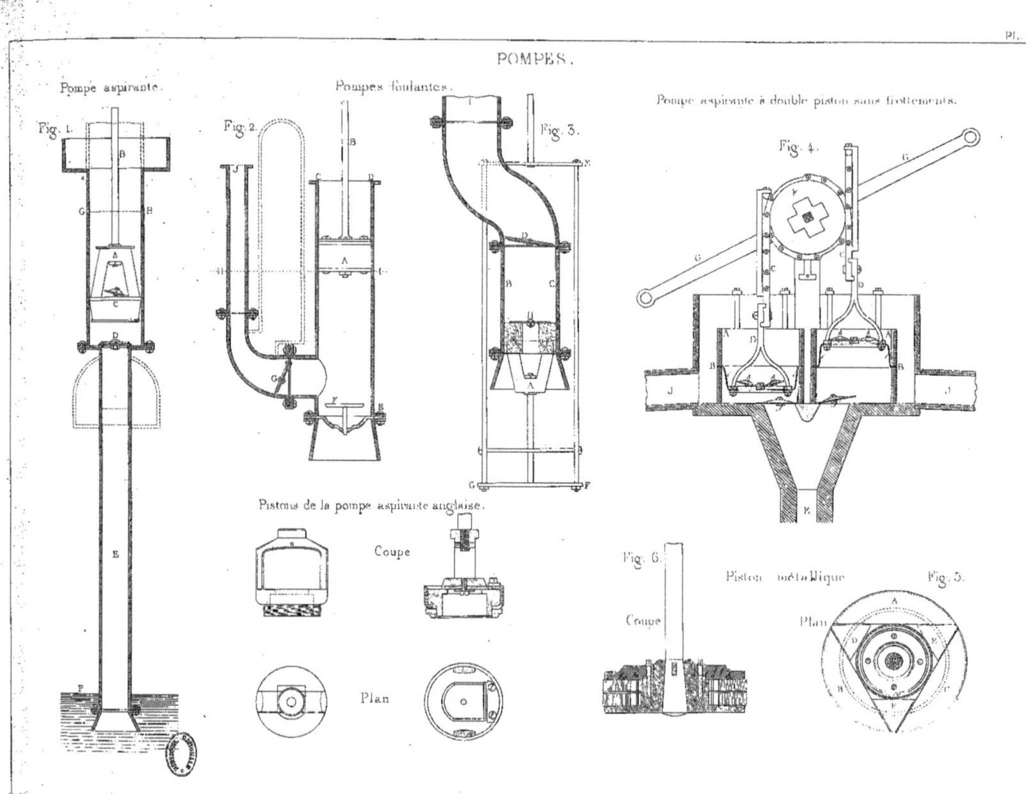
POMPES.
Pompe aspirante.
Fig. 1.
Pompes foulantes.
Fig. 2.
Fig. 3.
Pompe aspirante à double piston sans frottements.
Fig. 4.
Pistons de la pompe aspirante anglaise.
Coupe
Plan
Fig. 6.
Coupe
Piston métallique
Fig. 5.
Plan

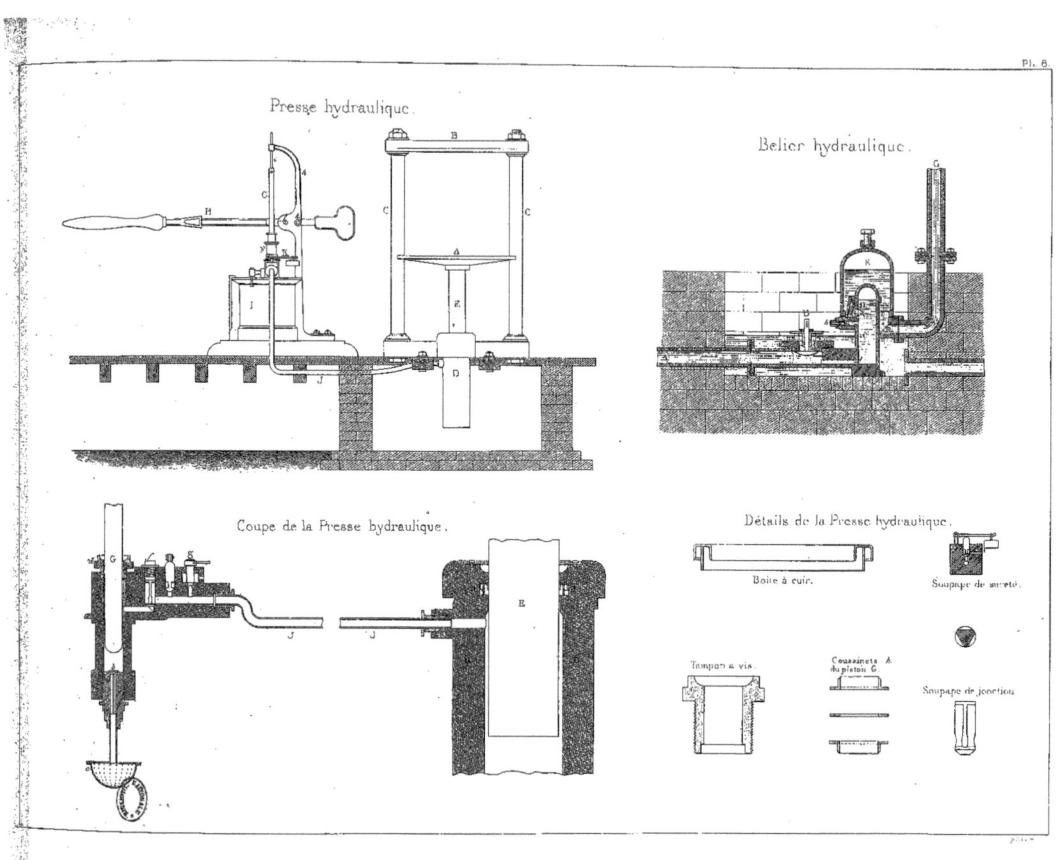
Presse hydraulique.
Belier hydraulique.
Coupe de la Presse hydraulique.
Détails de la Presse hydraulique.
Boite à cuir.
Soupape de sureté.
Tampon à vis.
Coussinets A du piston G.
Soupape de jonction

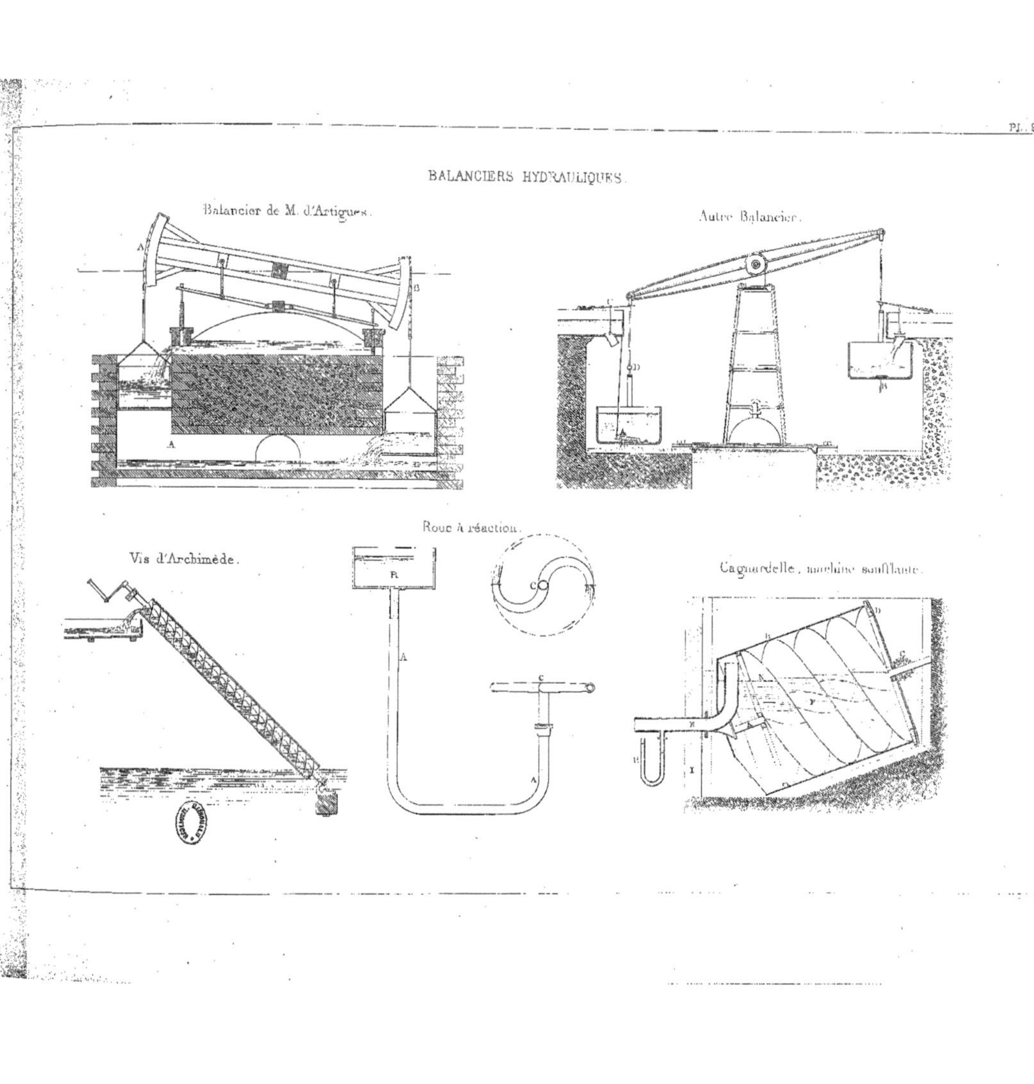
BALANCIERS HYDRAULIQUES.
Balancier de M. d'Artigues.
Autre Balancier.
Roue à réaction.
Vis d'Archimède.
Cagnardelle, machine soufflante.

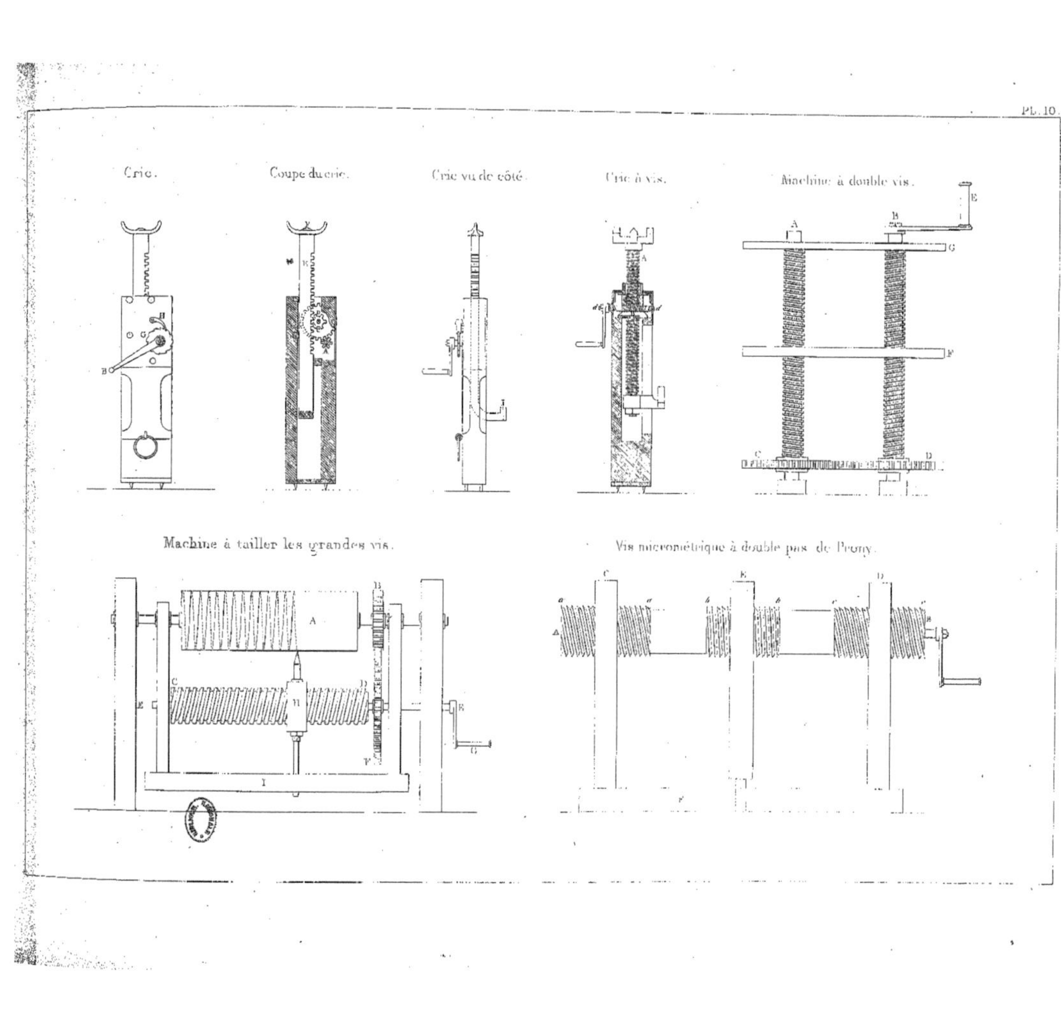
Cric.
Coupe du cric.
Cric vu de côté.
Cric à vis.
Machine à double vis.
Machine à tailler les grandes vis.
Vis micrométrique à double pas de Prony.

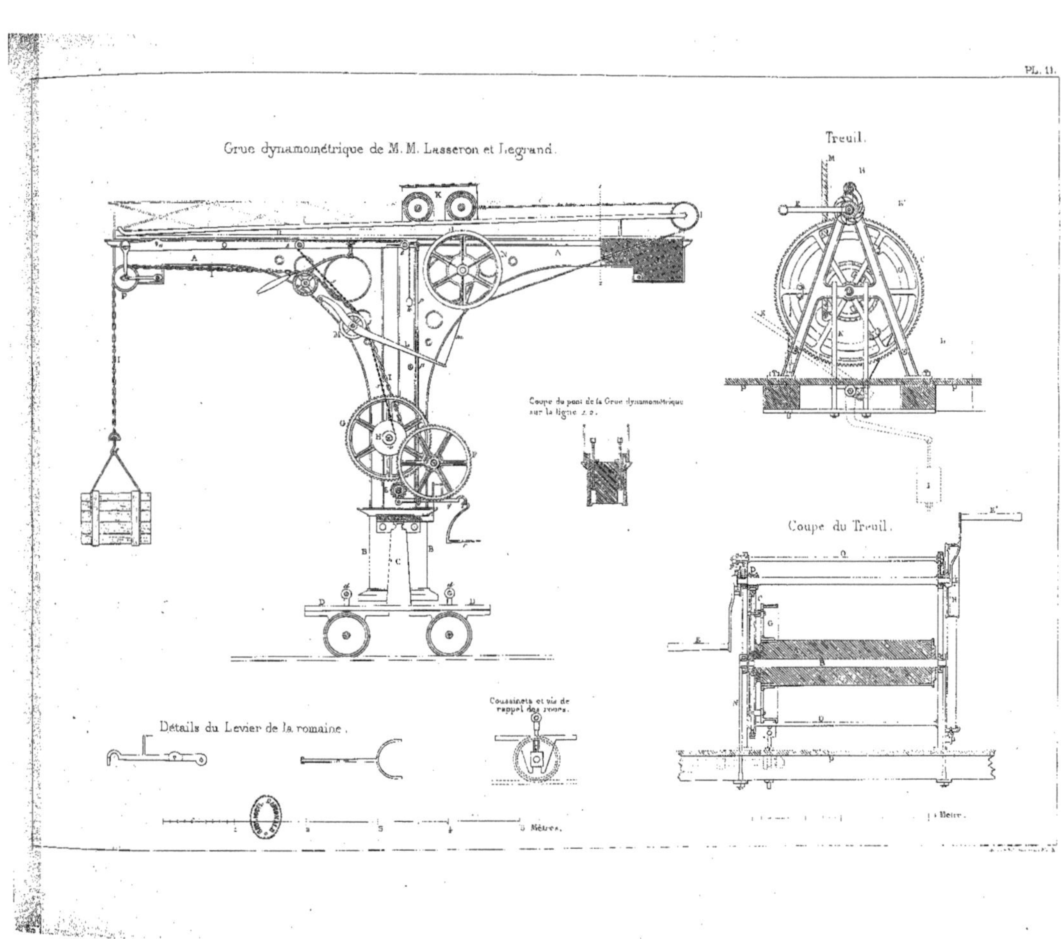
Grue dynamométrique de M.M. Lasseron et Legrand.
Treuil.
Coupe du pont de la Grue dynamométrique sur la ligne z z.
Coupe du Treuil.
Détails du Levier de la romaine.
Coussinets et vis de rappel des roues.
5 Mètres.
1 Mètre.

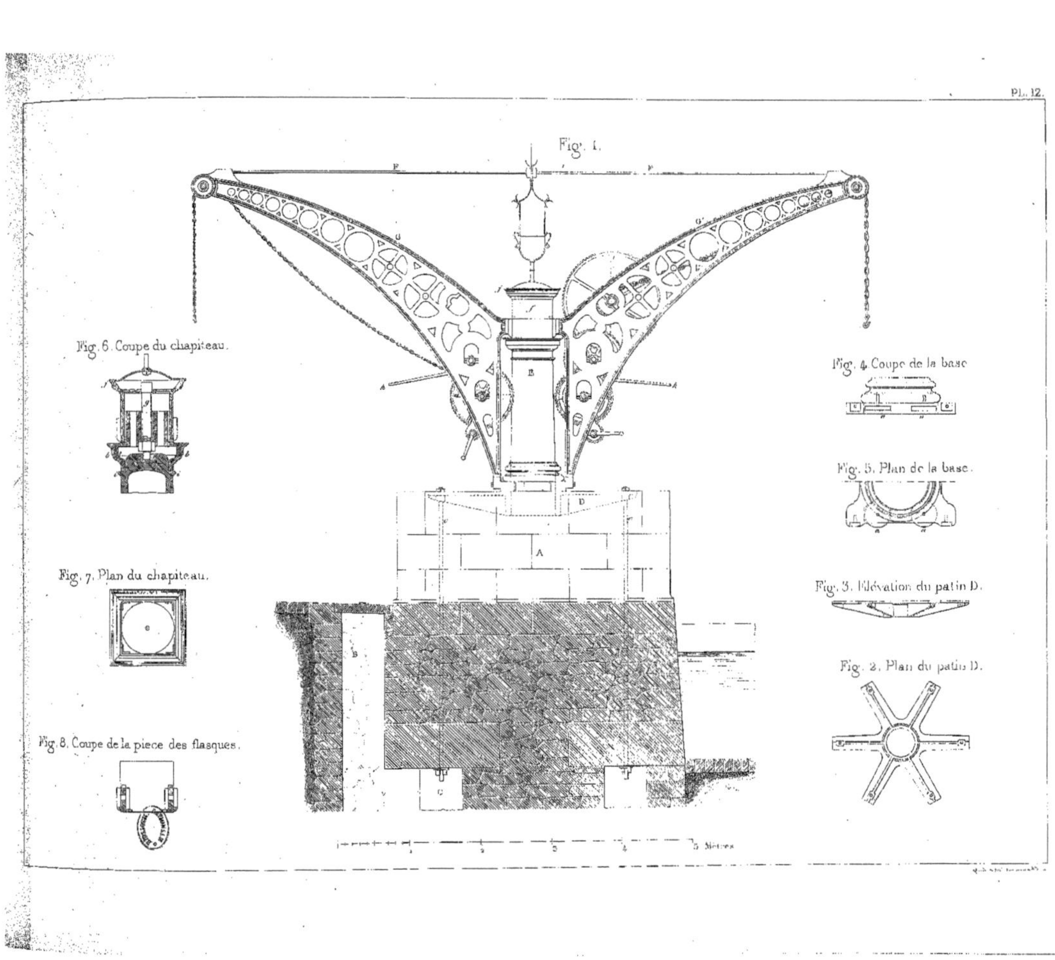
Fig. 1.
Fig. 6. Coupe du chapiteau.
Fig. 7. Plan du chapiteau.
Fig. 8. Coupe de la piece des flasques.
Fig. 4. Coupe de la base.
Fig. 5. Plan de la base.
Fig. 3. Élévation du patin D.
Fig. 2. Plan du patin D.
5 Mètres

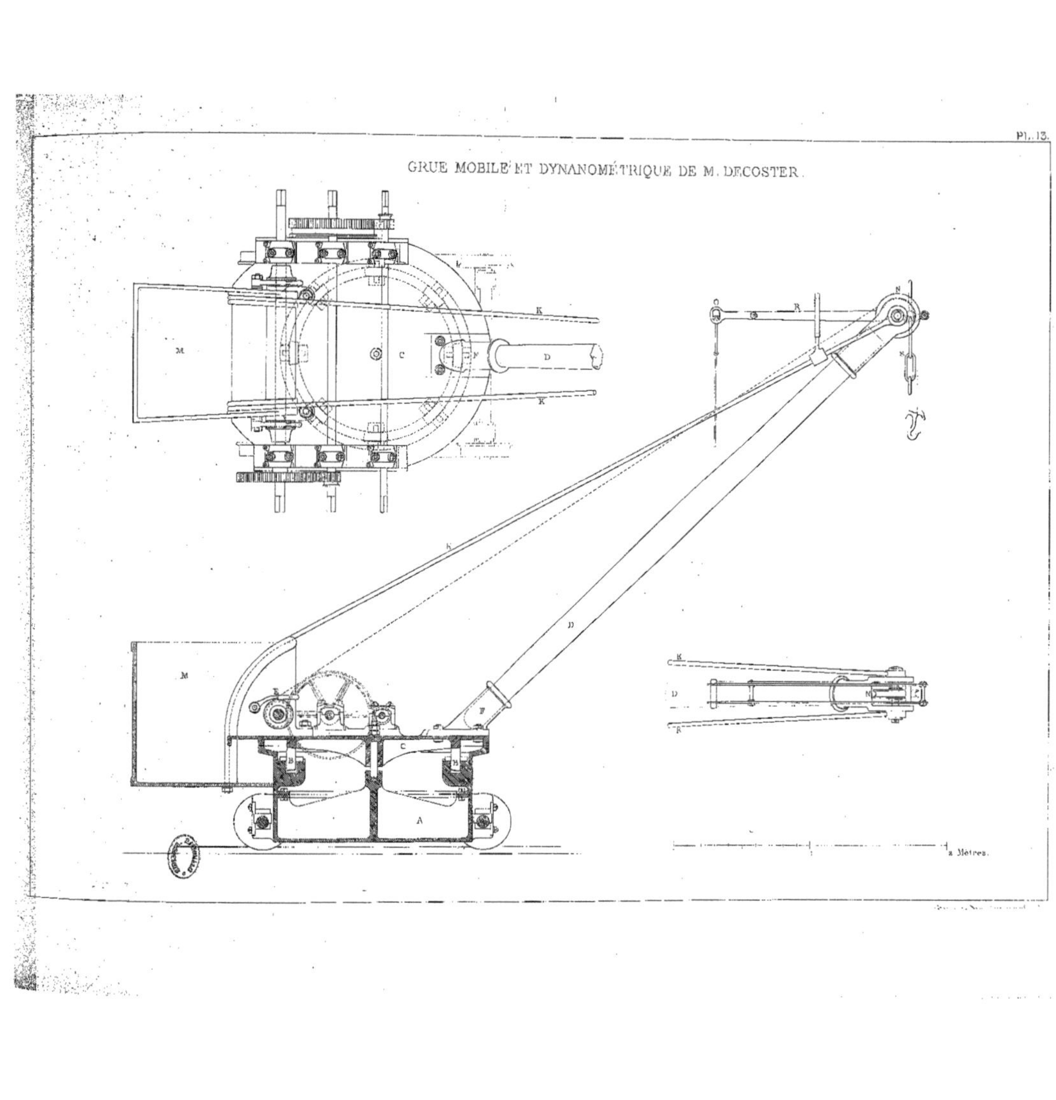
Pl. 13.
GRUE MOBILE ET DYNAMOMÉTRIQUE DE M. DECOSTER.
M
C
D
K
K
R
N
D
M
C
A
B
B
F
K
D
N
2 Mètres.

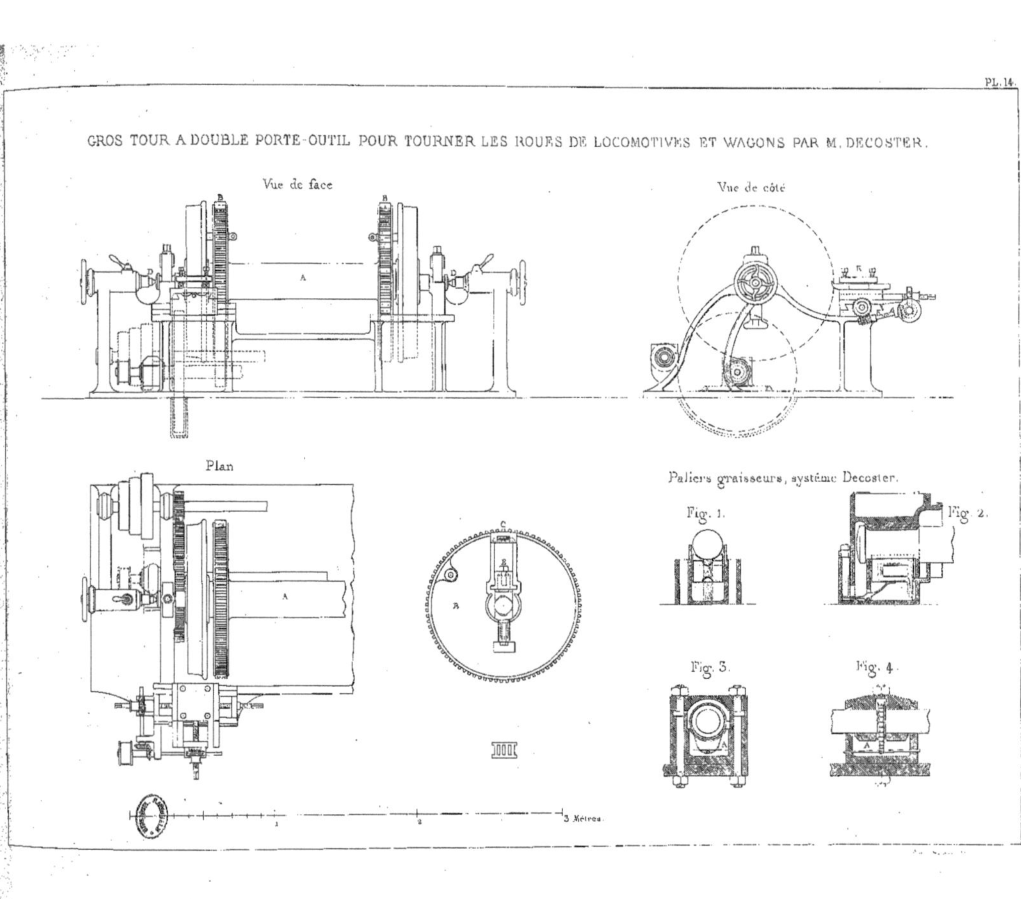
GROS TOUR A DOUBLE PORTE-OUTIL POUR TOURNER LES ROUES DE LOCOMOTIVES ET WAGONS PAR M. DECOSTER.
Vue de face
Vue de côté
Plan
Paliers graisseurs, système Decoster.
Fig. 1.
Fig. 2.
Fig. 3.
Fig. 4.
3 Mètres

CISAILLE DE M. DECOSTER.

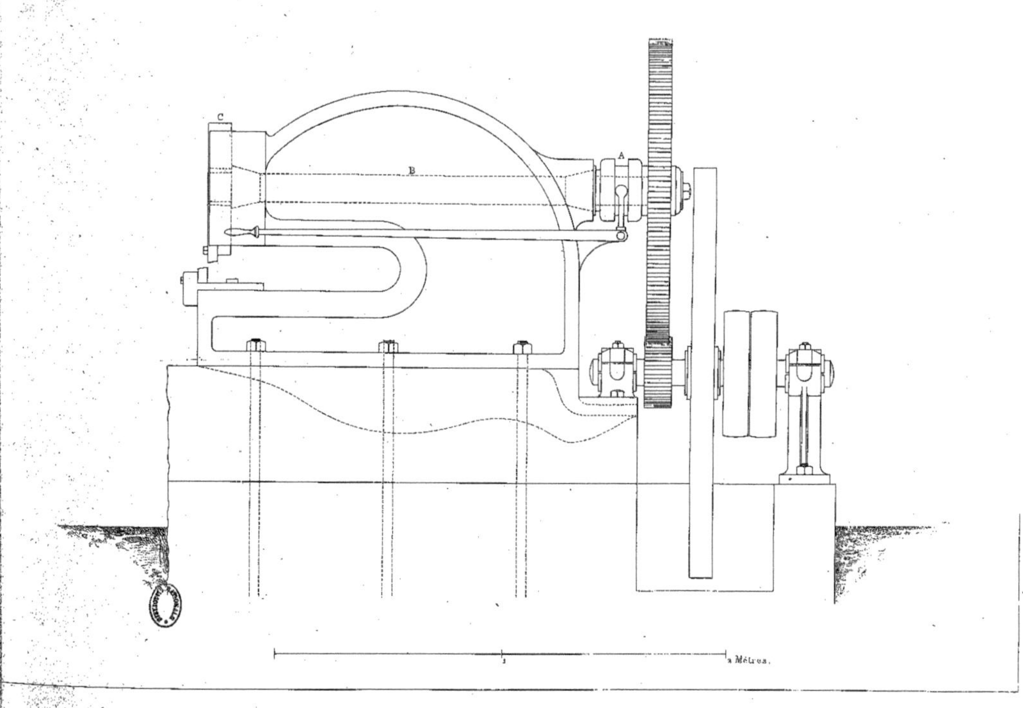

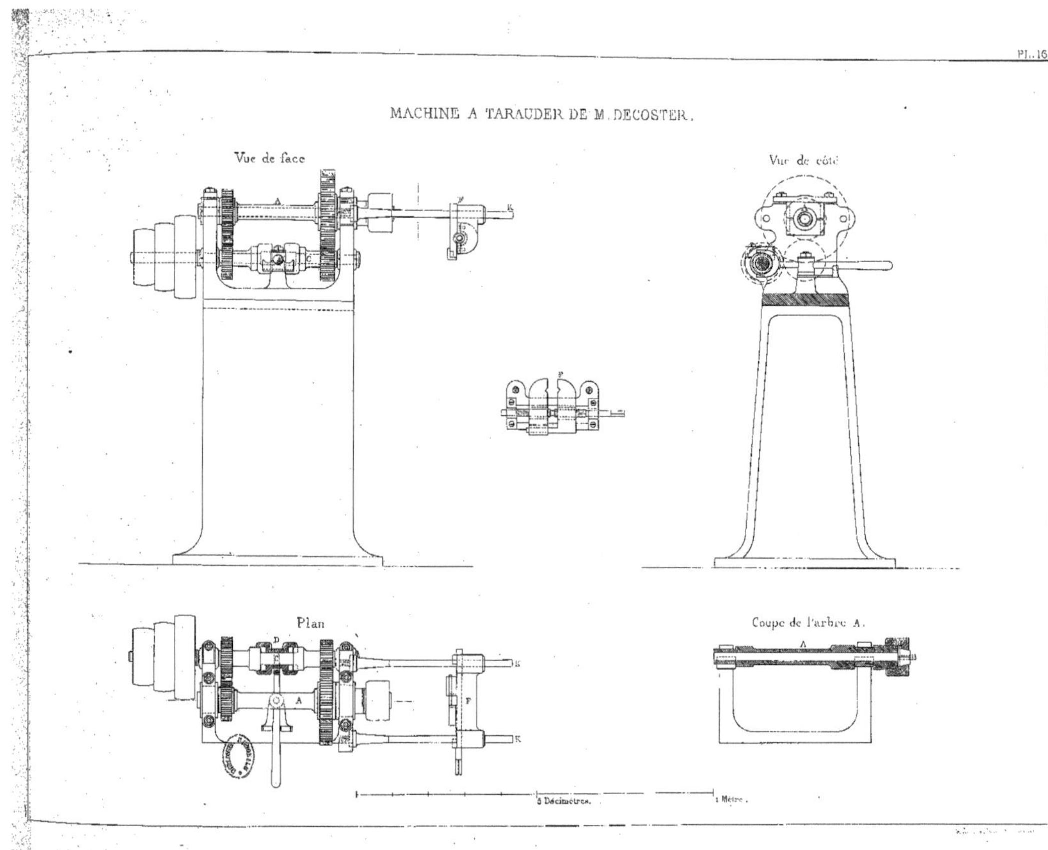
MACHINE A TARAUDER DE M. DECOSTER.
Vue de face
Vue de côté
Plan
Coupe de l'arbre A.
5 Décimètres.
1 Mètre.

PL. 17.

Fig. 1. Marteau du Creusot.
Fig. 2. Le mouton vu de côté.
Cisaille en fonte.
Fig. 4. Coupe du cylindre à vapeur.
Plan de la Cisaille.
Fig 6. Coupe du Piston.
Fig. 5. Plan du Piston.
Fig. 3. Plan du Mouton.
3 Mètres.

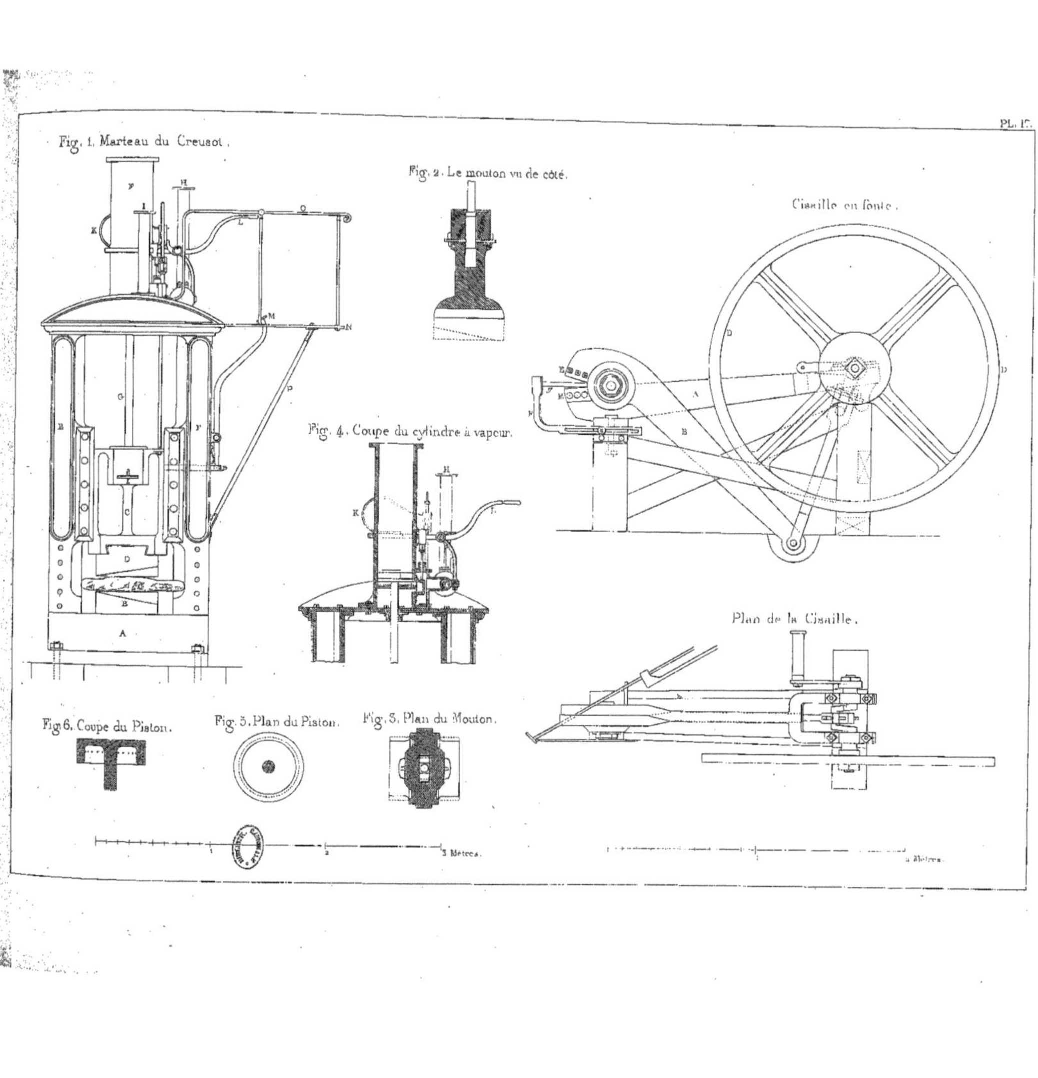

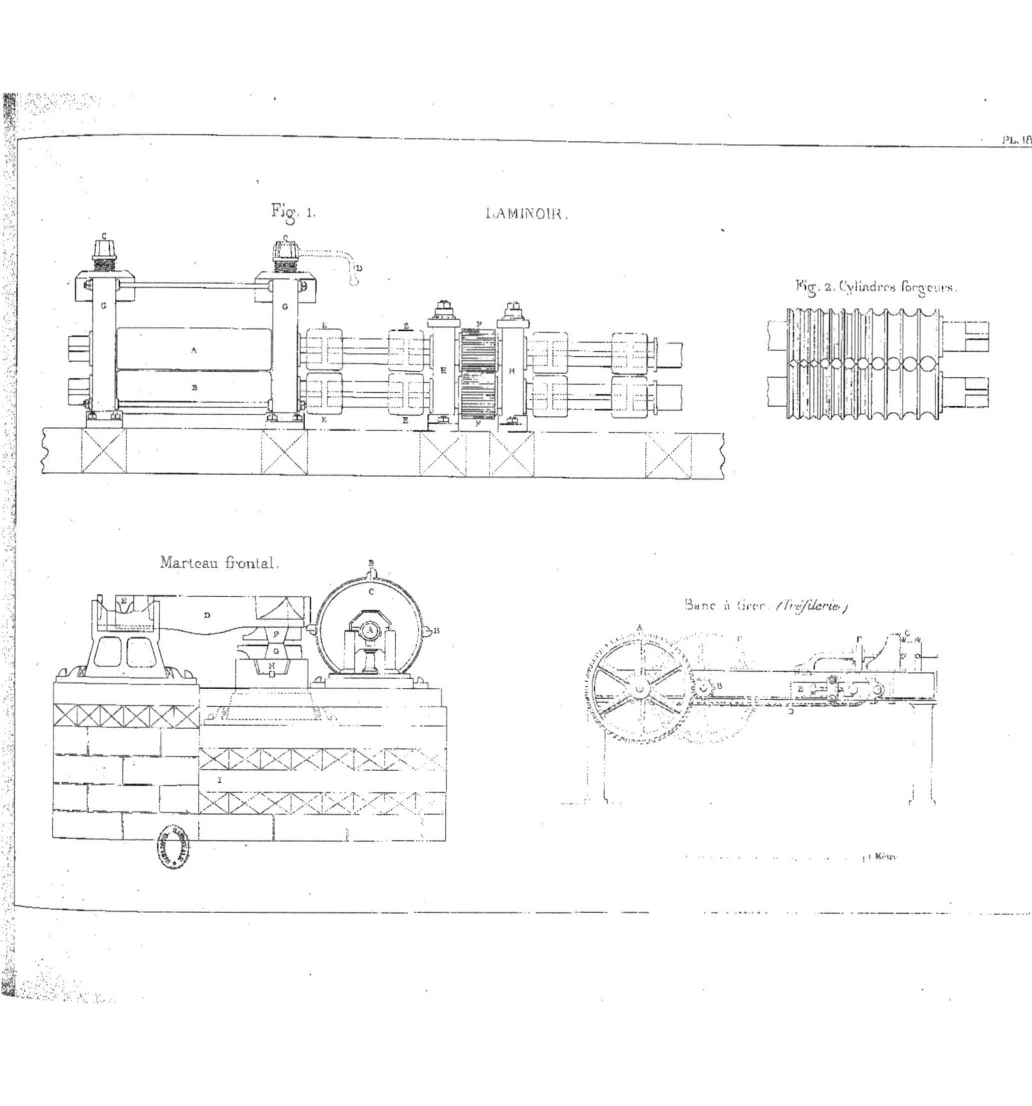
Fig. 1.
LAMINOIR.
Fig. 2. Cylindres forgeurs.
Marteau frontal.
Banc à tirer. (Tréfilerie)

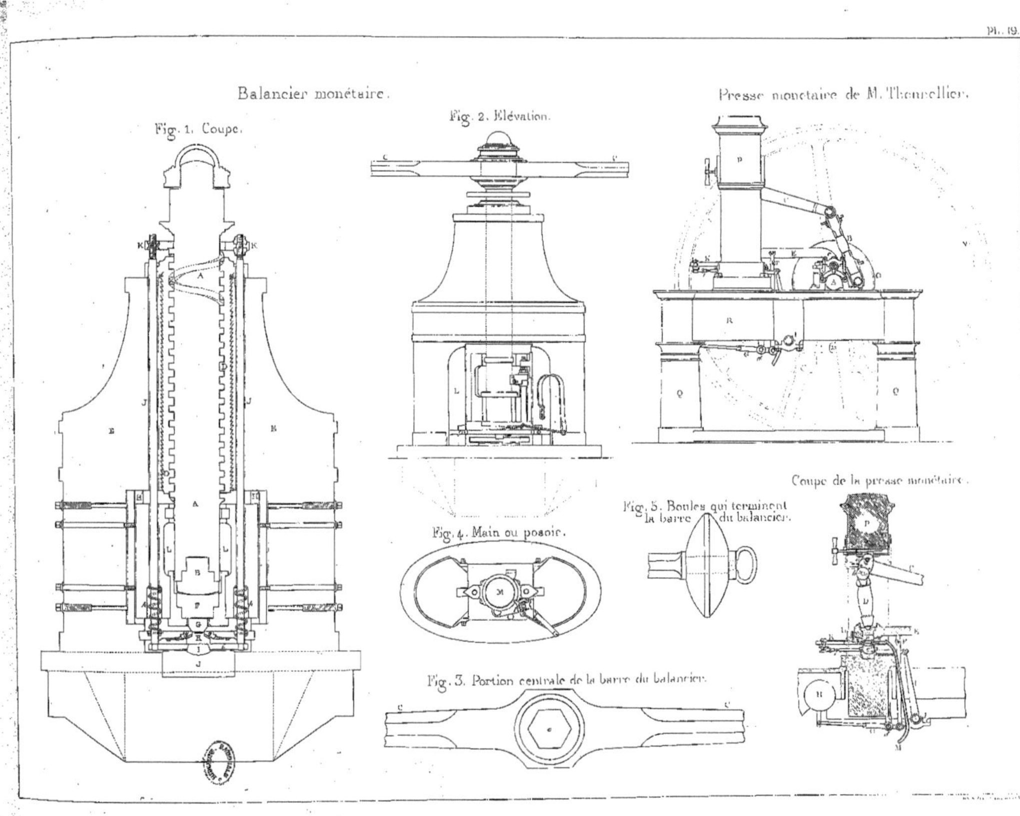
Balancier monétaire.
Fig. 1. Coupe.
Fig. 2. Élévation.
Presse monétaire de M. Thonnellier.
Coupe de la presse monétaire.
Fig. 5. Boules qui terminent la barre du balancier.
Fig. 4. Main ou posoir.
Fig. 3. Portion centrale de la barre du balancier.

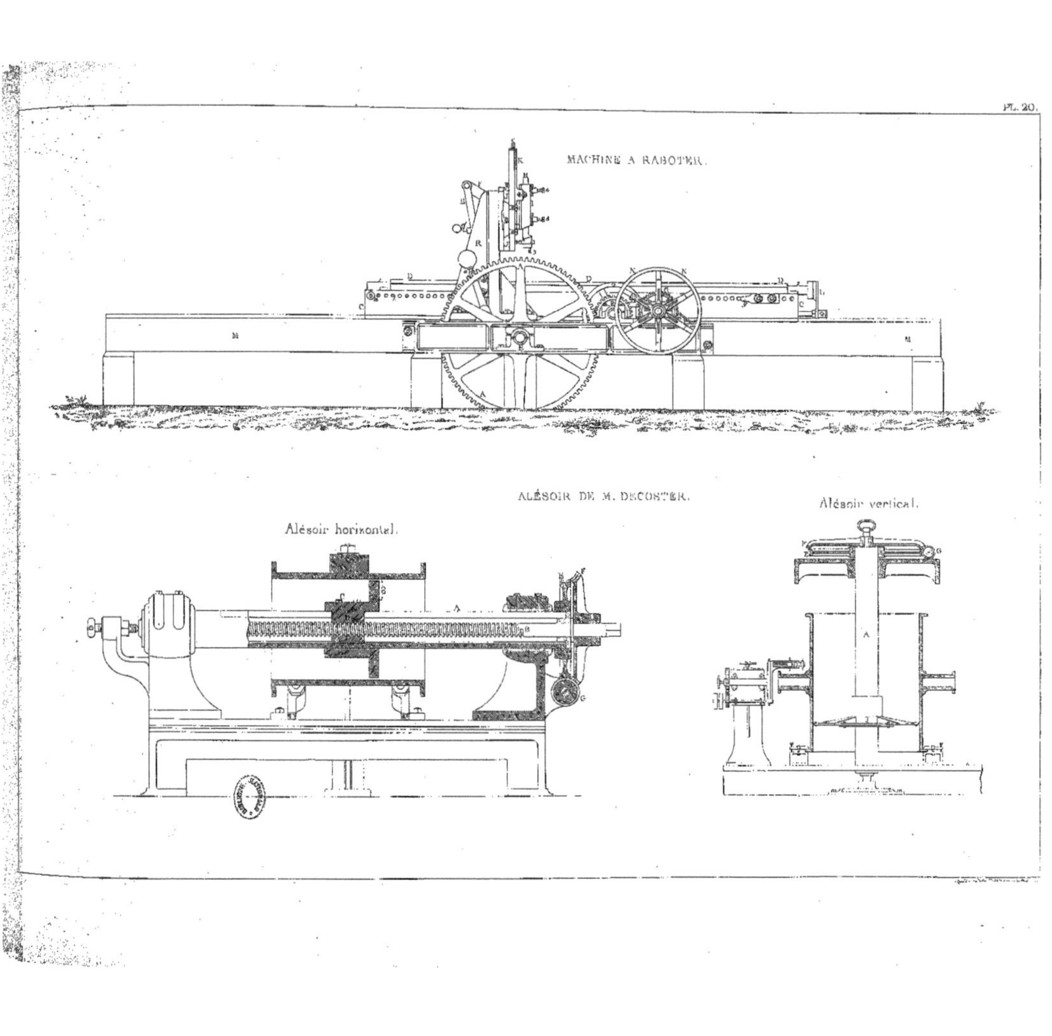
PL. 20.
MACHINE A RABOTER.
ALÉSOIR DE M. DECOSTER.
Alésoir horizontal.
Alésoir vertical.

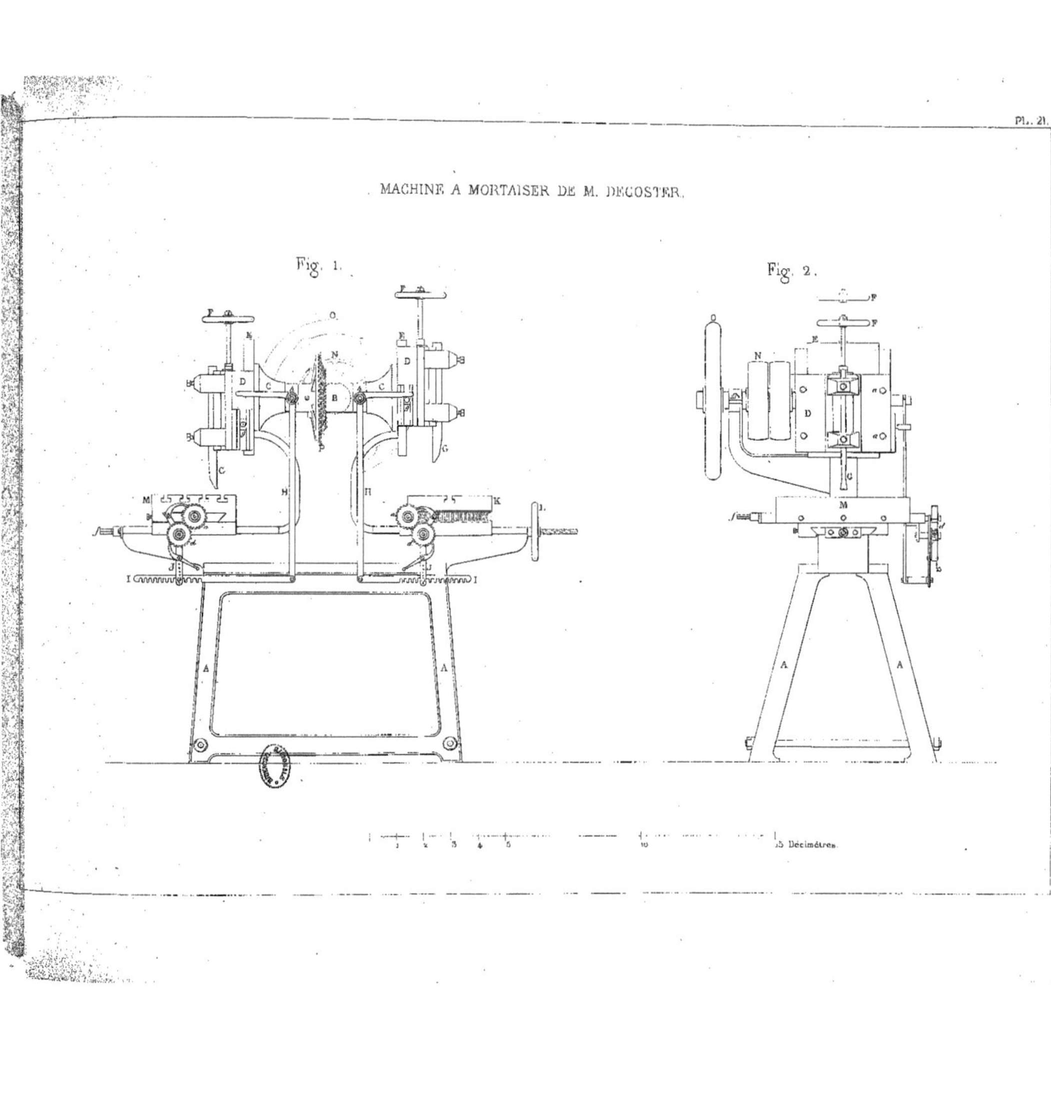
Pl. 21.
MACHINE A MORTAISER DE M. DECOSTER.
Fig. 1.
Fig. 2.
1 2 3 4 5 10 15 Décimètres

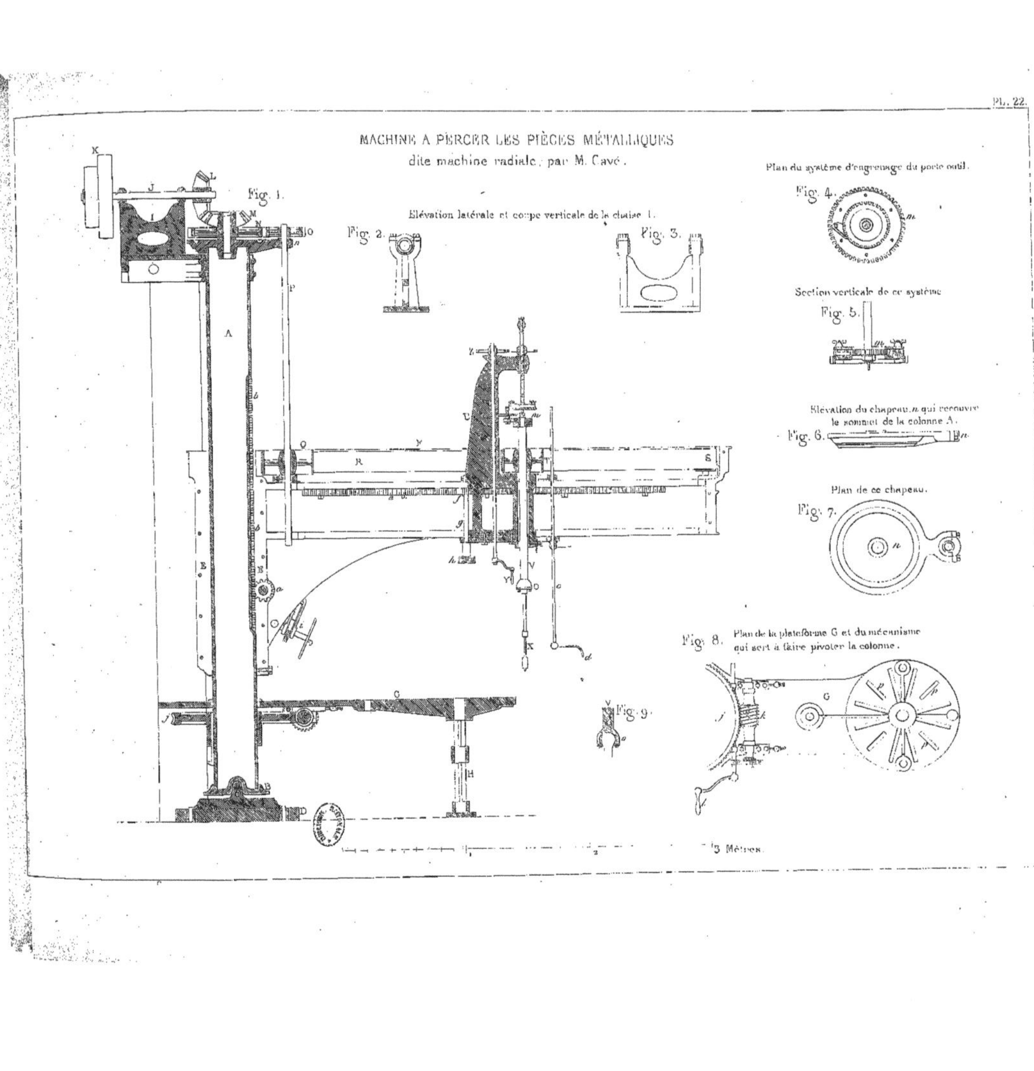
PL. 22.
MACHINE A PERCER LES PIÈCES MÉTALLIQUES
dite machine radiale, par M. Cavé.
Fig. 1.
Élévation latérale et coupe verticale de la chaise I.
Fig. 2.
Fig. 3.
Plan du système d'engrenage du porte outil.
Fig. 4.
Section verticale de ce système
Fig. 5.
Élévation du chapeau n qui recouvre
le sommet de la colonne A.
Fig. 6.
Plan de ce chapeau.
Fig. 7.
Fig. 8.
Plan de la plateforme G et du mécanisme
qui sert à faire pivoter la colonne.
Fig. 9.
3 Mètres.

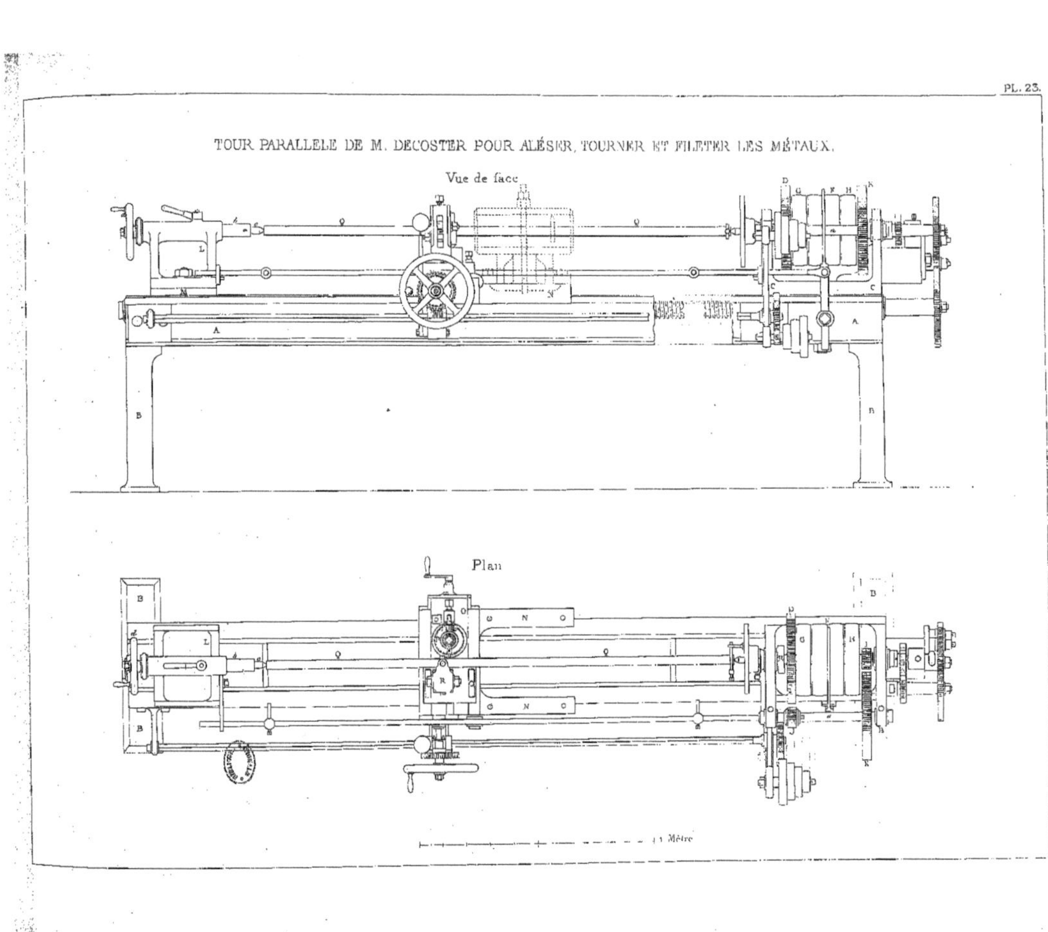
TOUR PARALLÈLE DE M. DECOSTER POUR ALÉSER, TOURNER ET FILETER LES MÉTAUX.
Vue de face
Plan
1 Mètre

MACHINE ANGLAISE A DIVISER ET A FENDRE LES ROUES D'ENGRENAGE.

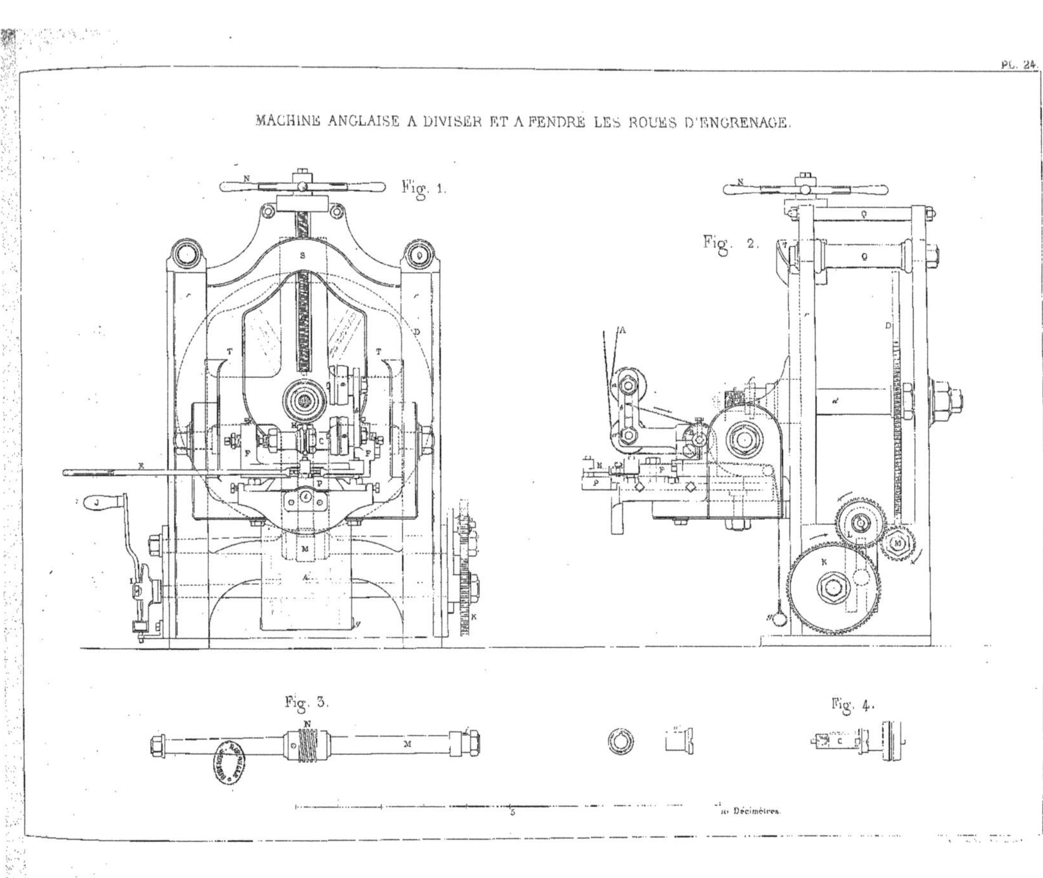

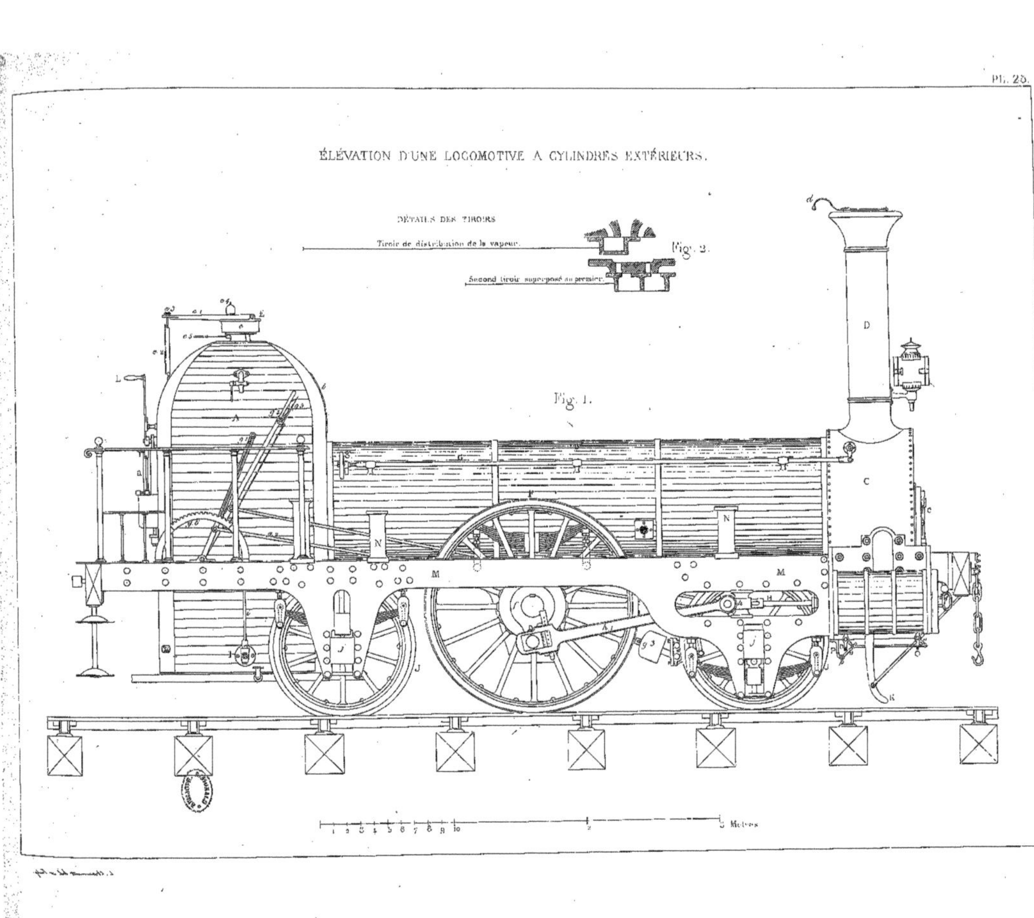
ÉLÉVATION D'UNE LOCOMOTIVE A CYLINDRES EXTÉRIEURS.
DÉTAILS DES TIROIRS
Tiroir de distribution de la vapeur.
Second tiroir superposé au premier.
Fig. 2.
Fig. 1.
5 Mètres

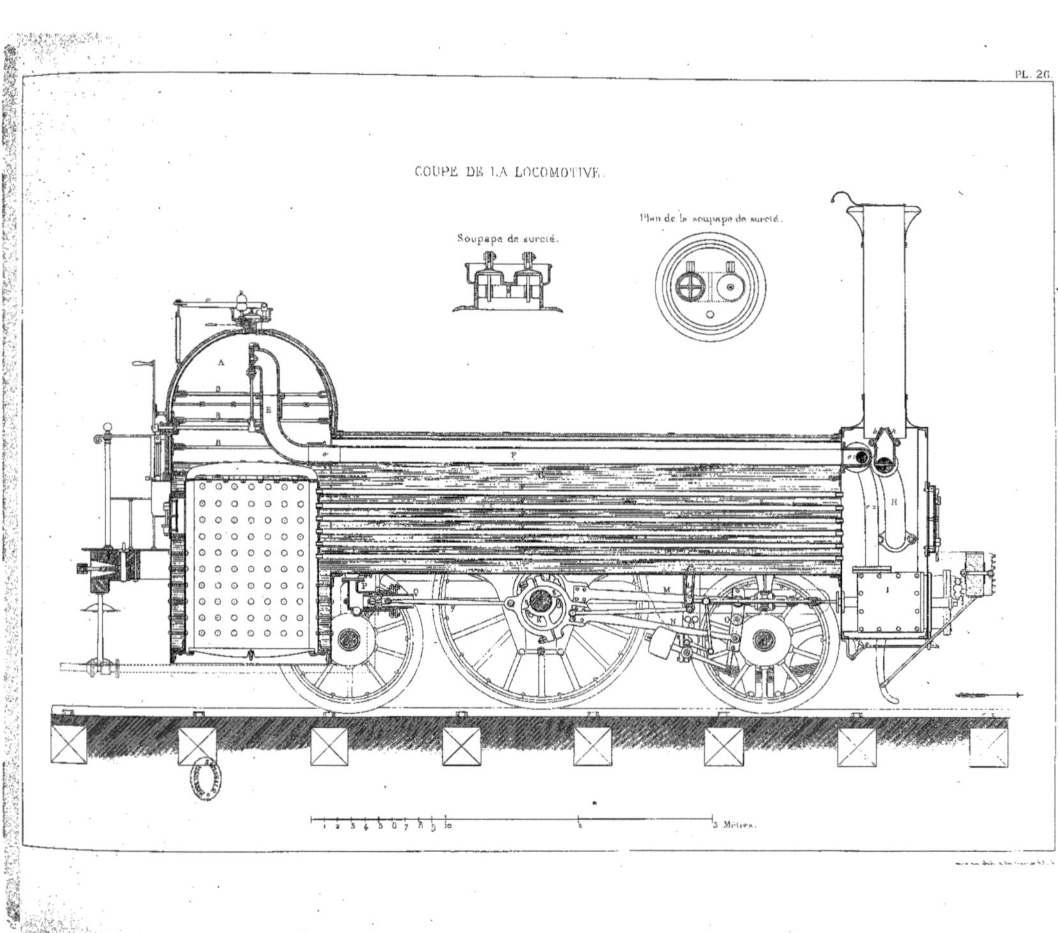
COUPE DE LA LOCOMOTIVE.
Soupape de sureté.
Plan de la soupape de sureté.
A
B
E
F
H
J
M
N
P
1 2 3 4 5 6 7 8 9 10
3 Mètres.

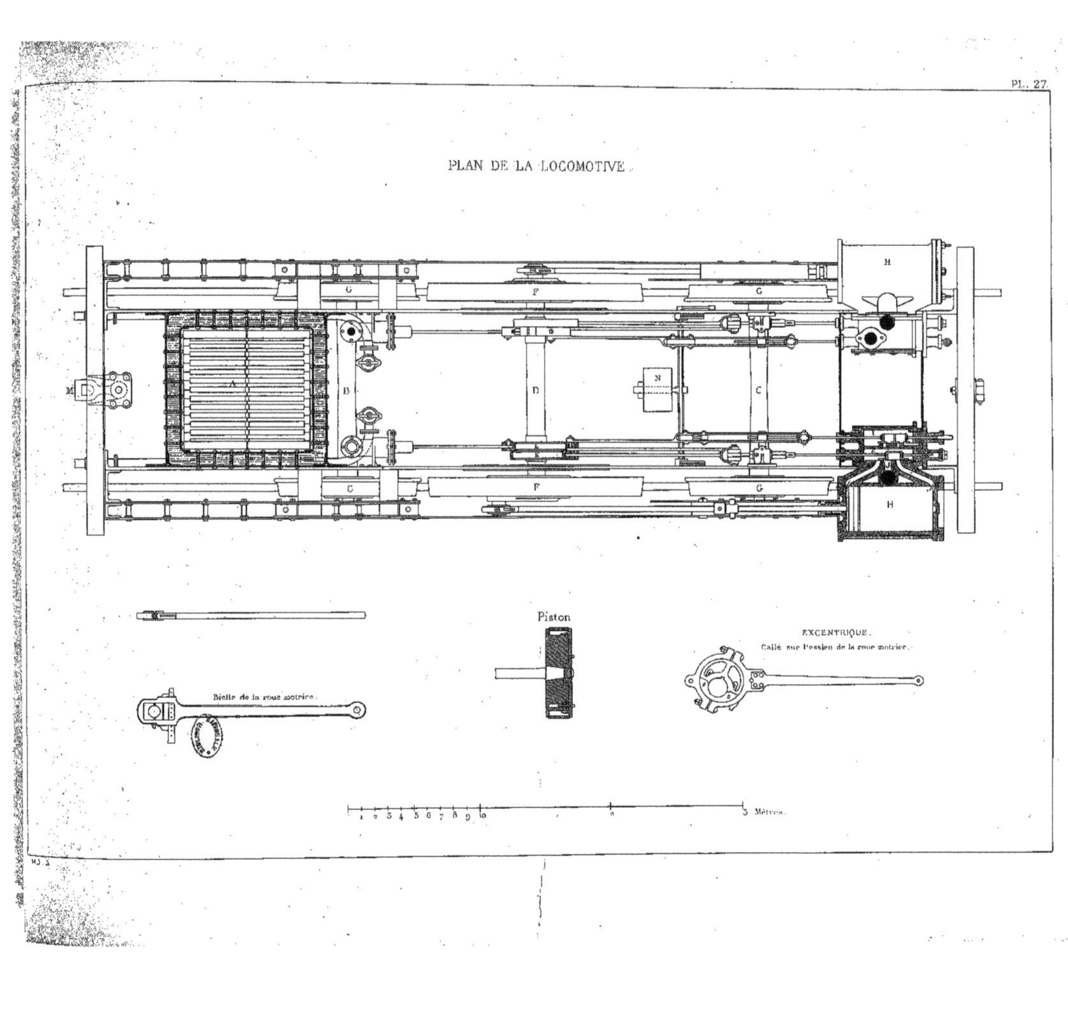
PLAN DE LA LOCOMOTIVE.
H
G
F
G
M
A
B
D
N
C
G
F
G
H
Piston
EXCENTRIQUE.
Callé sur l'essieu de la roue motrice.
Bielle de la roue motrice.
1 2 3 4 5 6 7 8 9 10
3 Mètres.

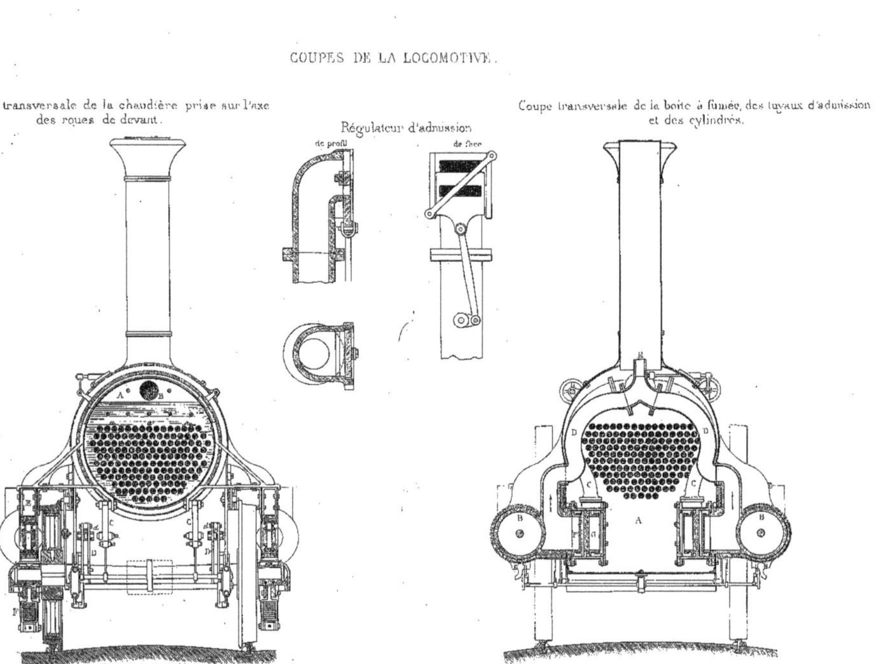
COUPES DE LA LOCOMOTIVE.
Fig. 1. Coupe transversale de la chaudière prise sur l'axe des roues de devant.
Régulateur d'admission
de profil
de face
Coupe transversale de la boîte à fumée, des tuyaux d'admission et des cylindres.
5 Mètres.

TENDER; COUPE ET DÉTAILS DU FREIN.

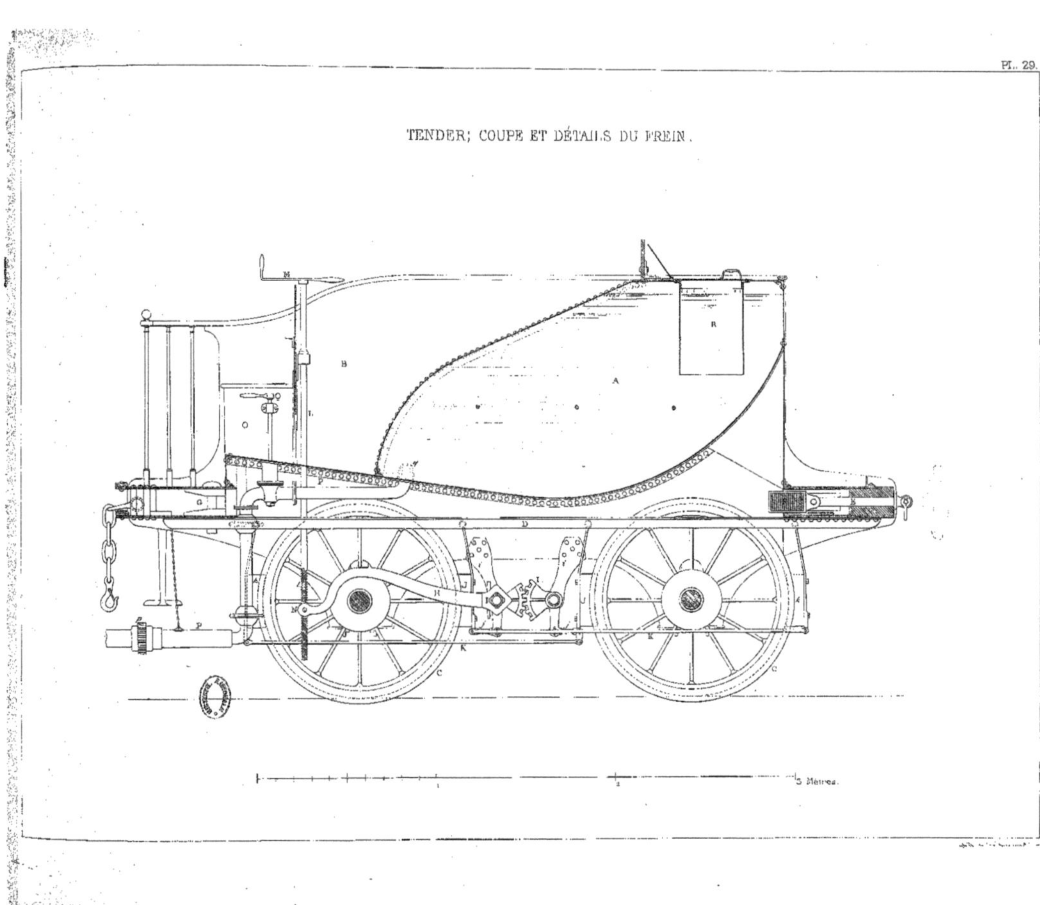

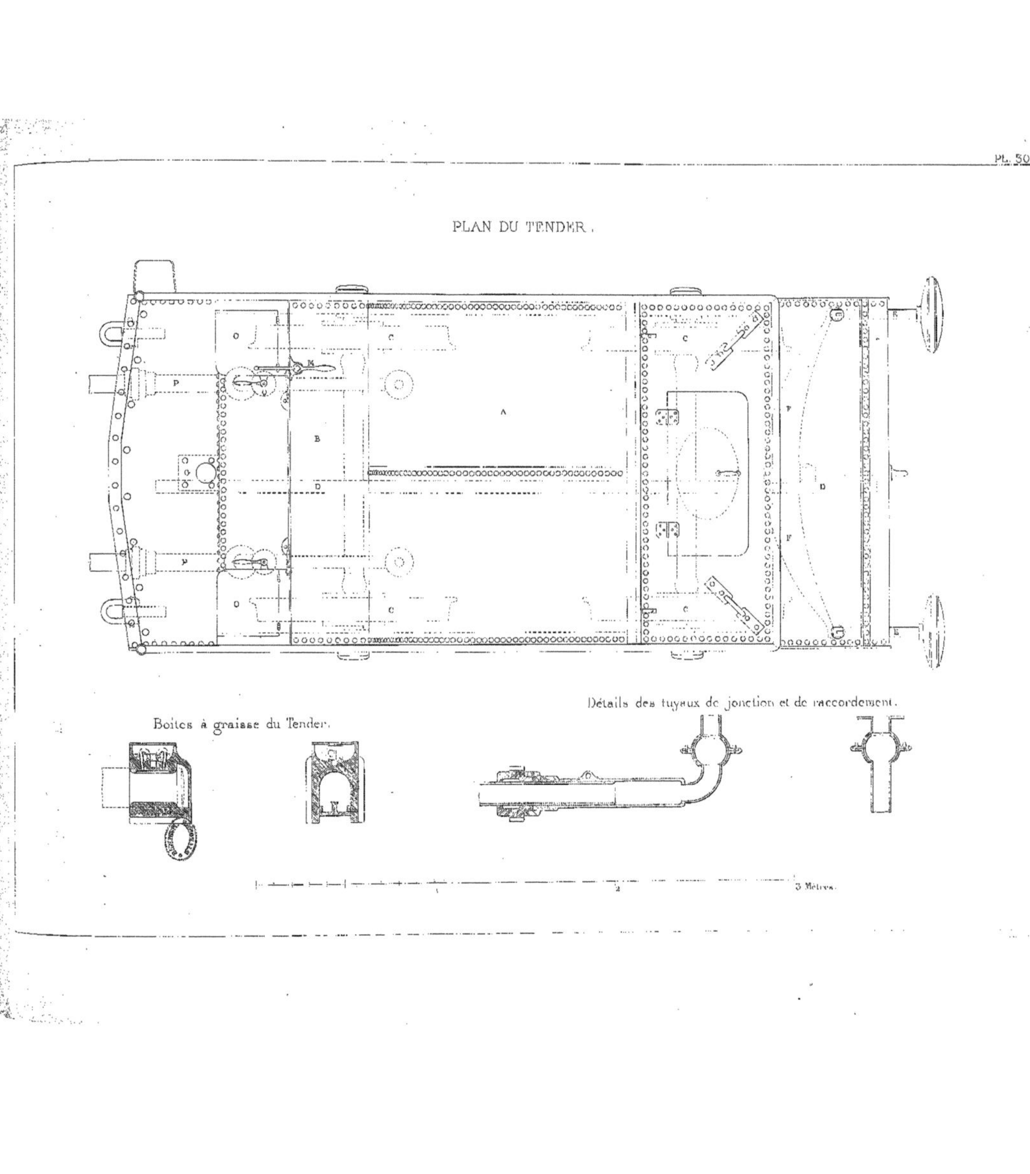

PLAN DU TENDER.
Boites à graisse du Tender.
Détails des tuyaux de jonction et de raccordement.
3 Mètres.

POMPES D'ALIMENTATION DU TENDER.

Fig. 4.

Fig. 5.

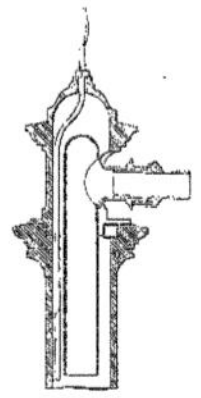

Fig. 1.

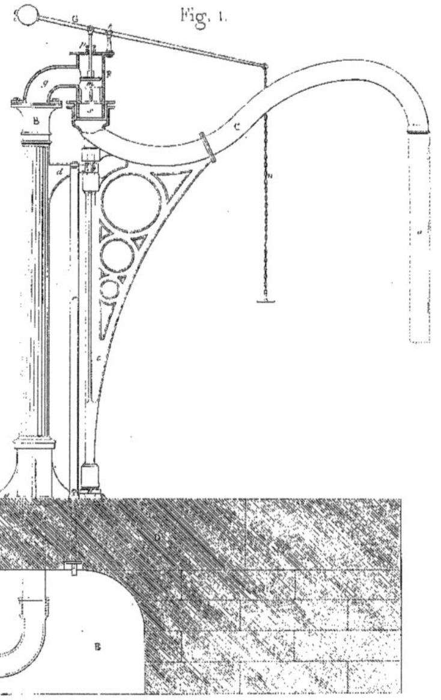

Fig. 2.

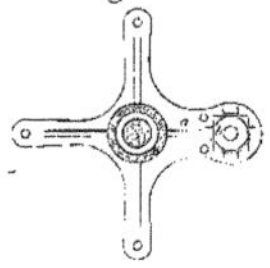

Fig. 3.

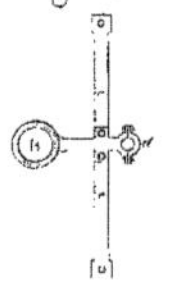

Cric employé sur les chemins de fer anglais.

Fig. 6.

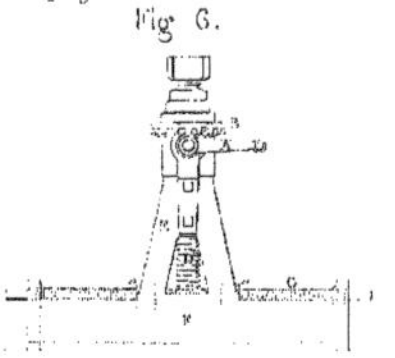

1 2 3 4 Mètres.

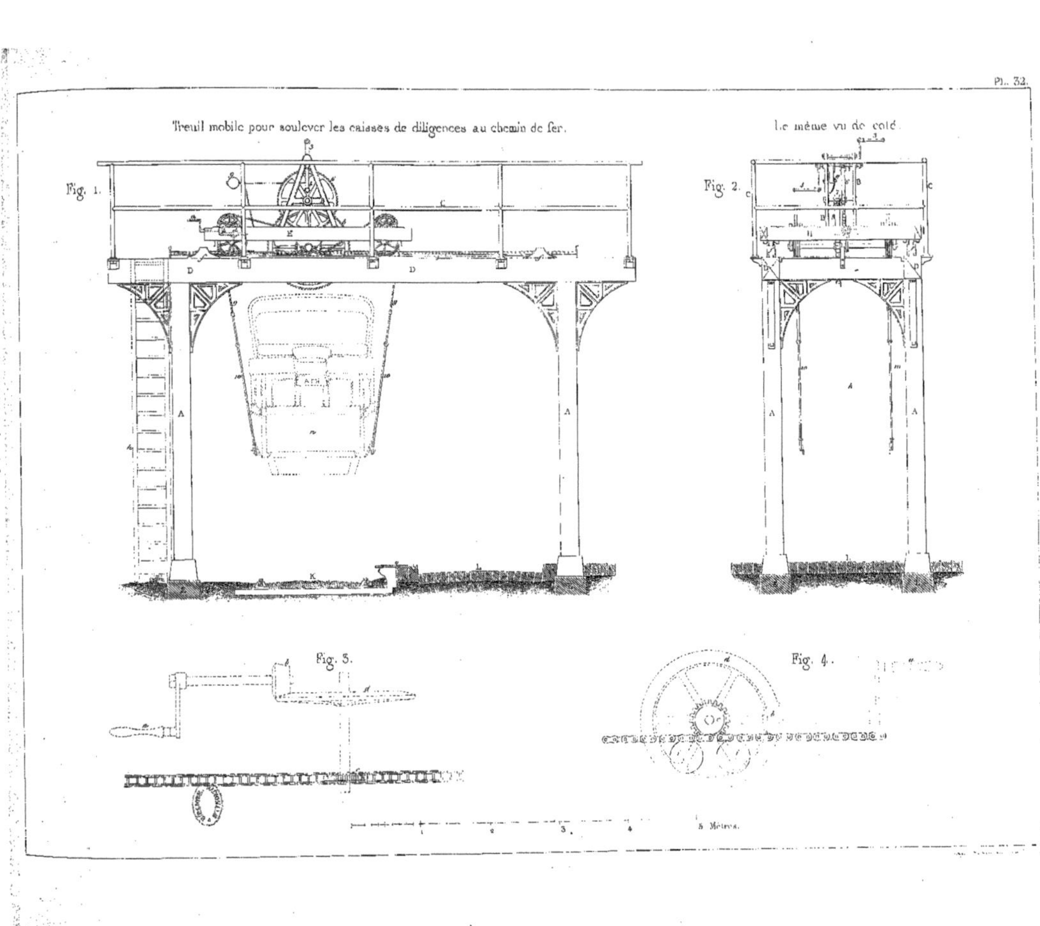
Treuil mobile pour soulever les caisses de diligences au chemin de fer.
Le même vu de coté.
Fig. 1.
Fig. 2.
Fig. 3.
Fig. 4.
5 Mètres.

ÉLÉVATION DE LA MACHINE DE 80 CHEVAUX DU BATEAU A VAPEUR LE SPHINX.

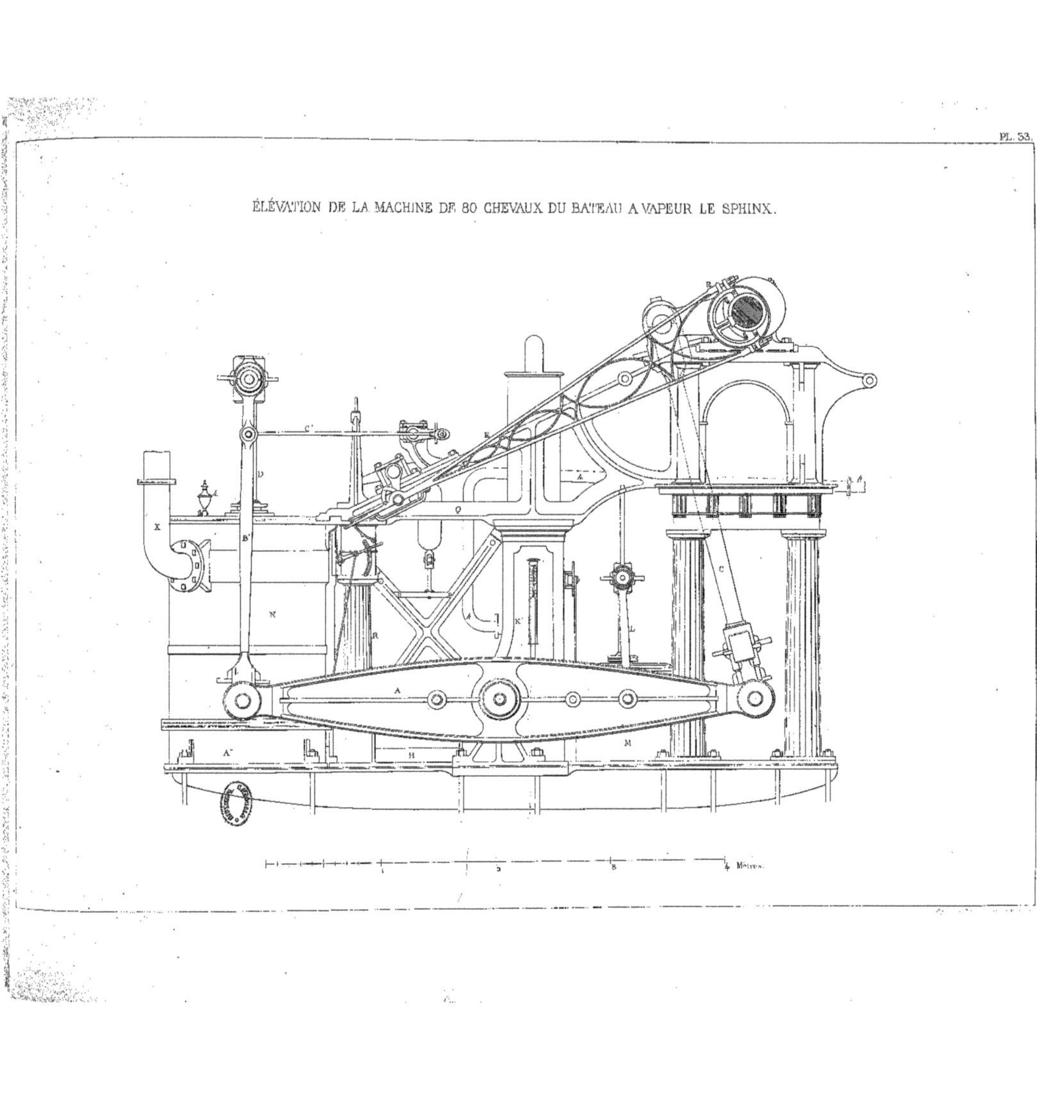

COUPE DE LA MACHINE DE 80 CHEVAUX DU BATEAU A VAPEUR LE SPHINX.

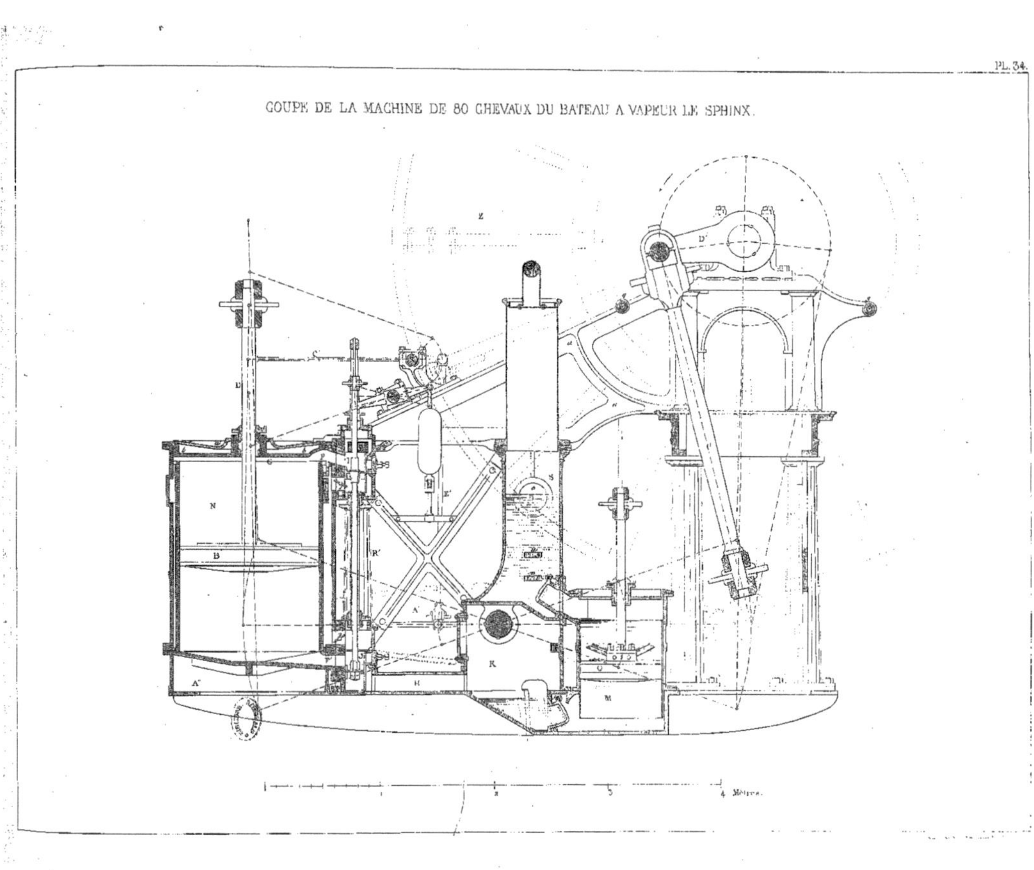

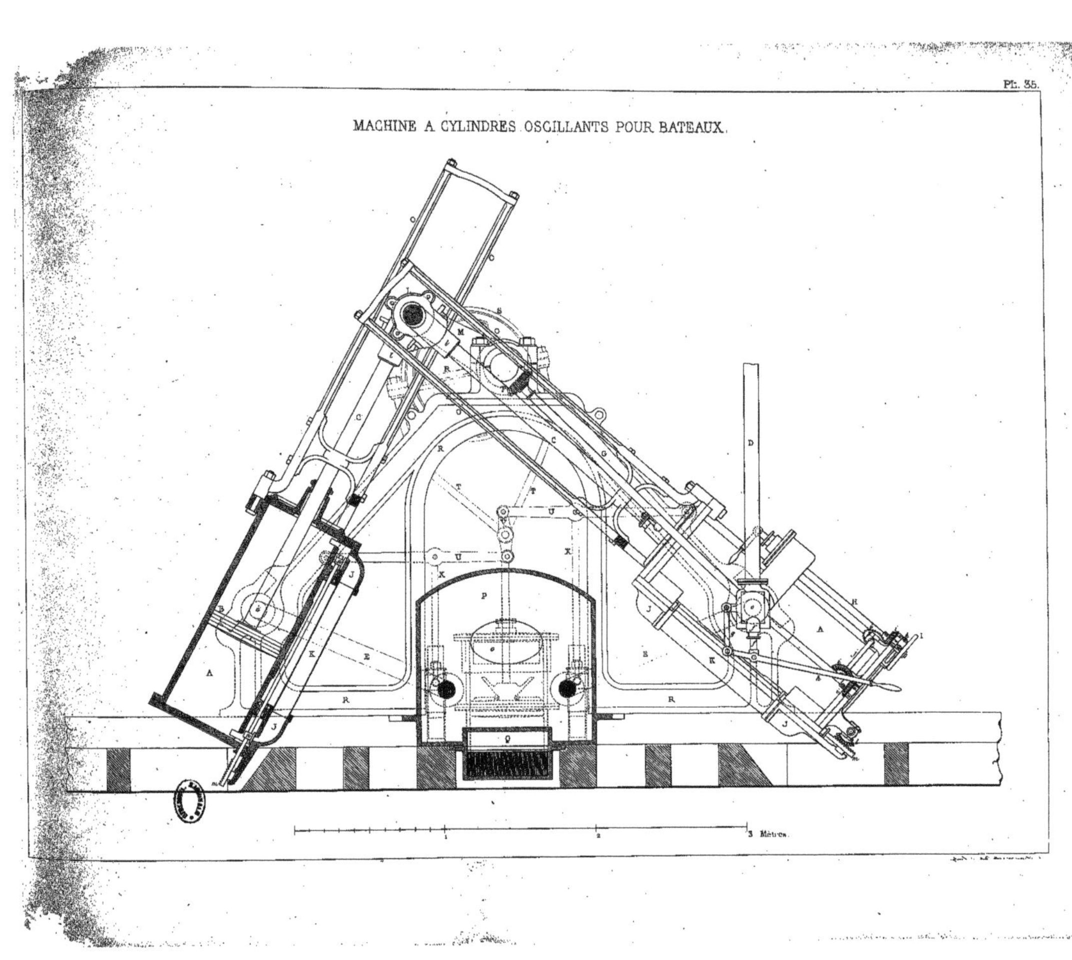
MACHINE A CYLINDRES OSCILLANTS POUR BATEAUX.
3 Mètres

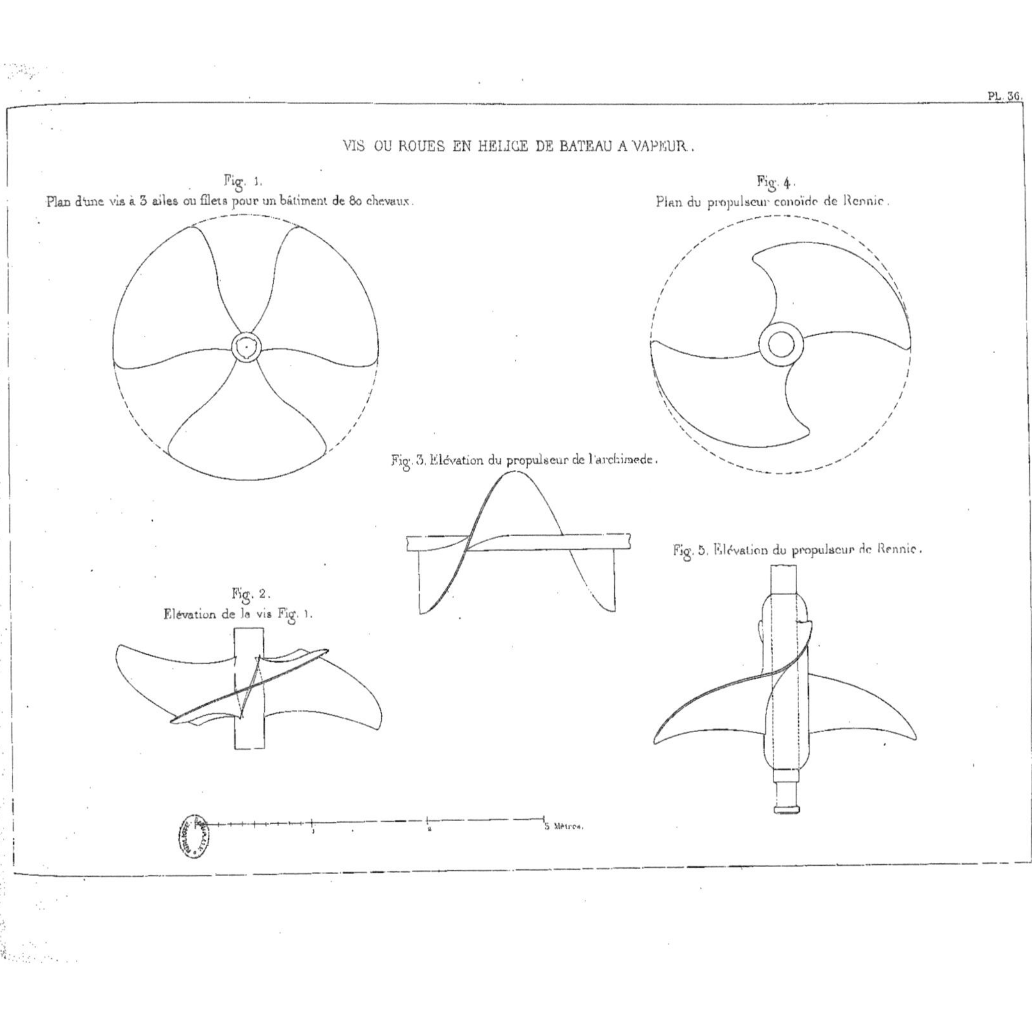
VIS OU ROUES EN HELICE DE BATEAU A VAPEUR.
Fig. 1.
Plan d'une vis à 3 ailes ou filets pour un bâtiment de 80 chevaux.
Fig. 4.
Plan du propulseur conoïde de Rennie.
Fig. 3. Elévation du propulseur de l'archimede.
Fig. 5. Elévation du propulseur de Rennie.
Fig. 2.
Elévation de la vis Fig. 1.
5 Mètres.

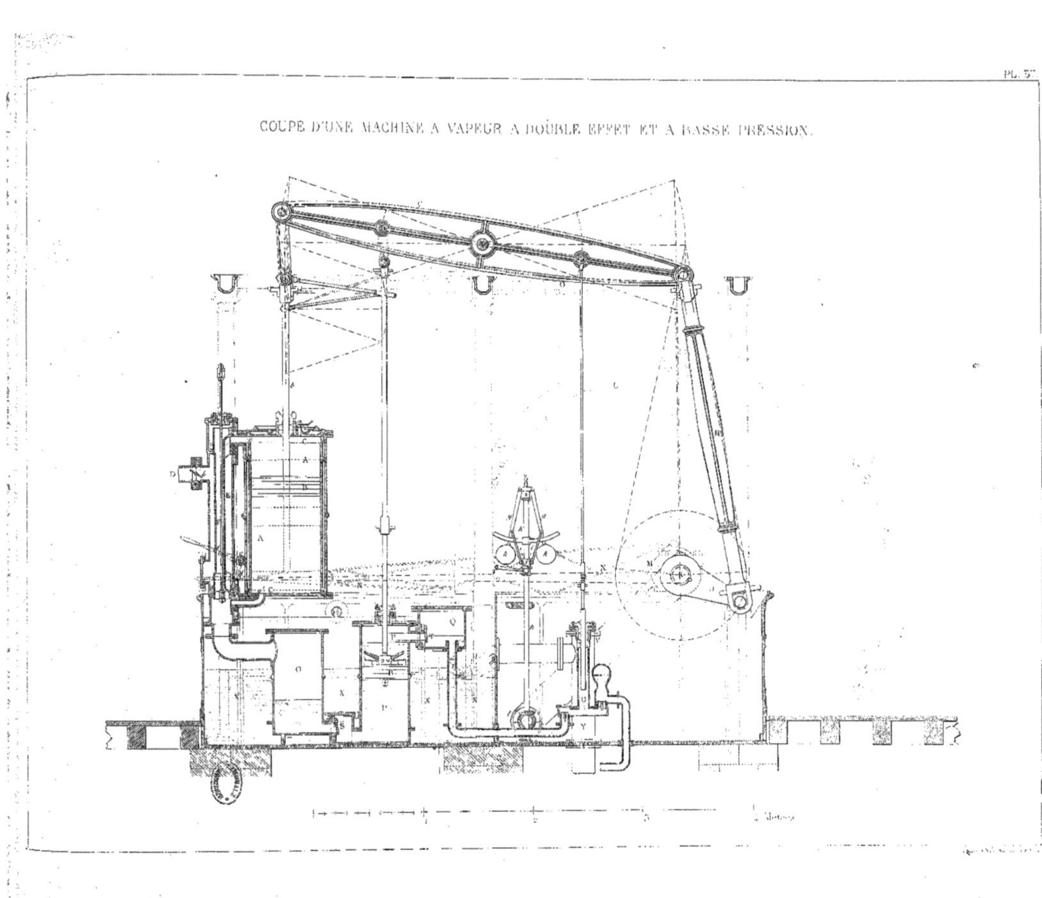
PL. 5
COUPE D'UNE MACHINE A VAPEUR A DOUBLE EFFET ET A BASSE PRESSION.

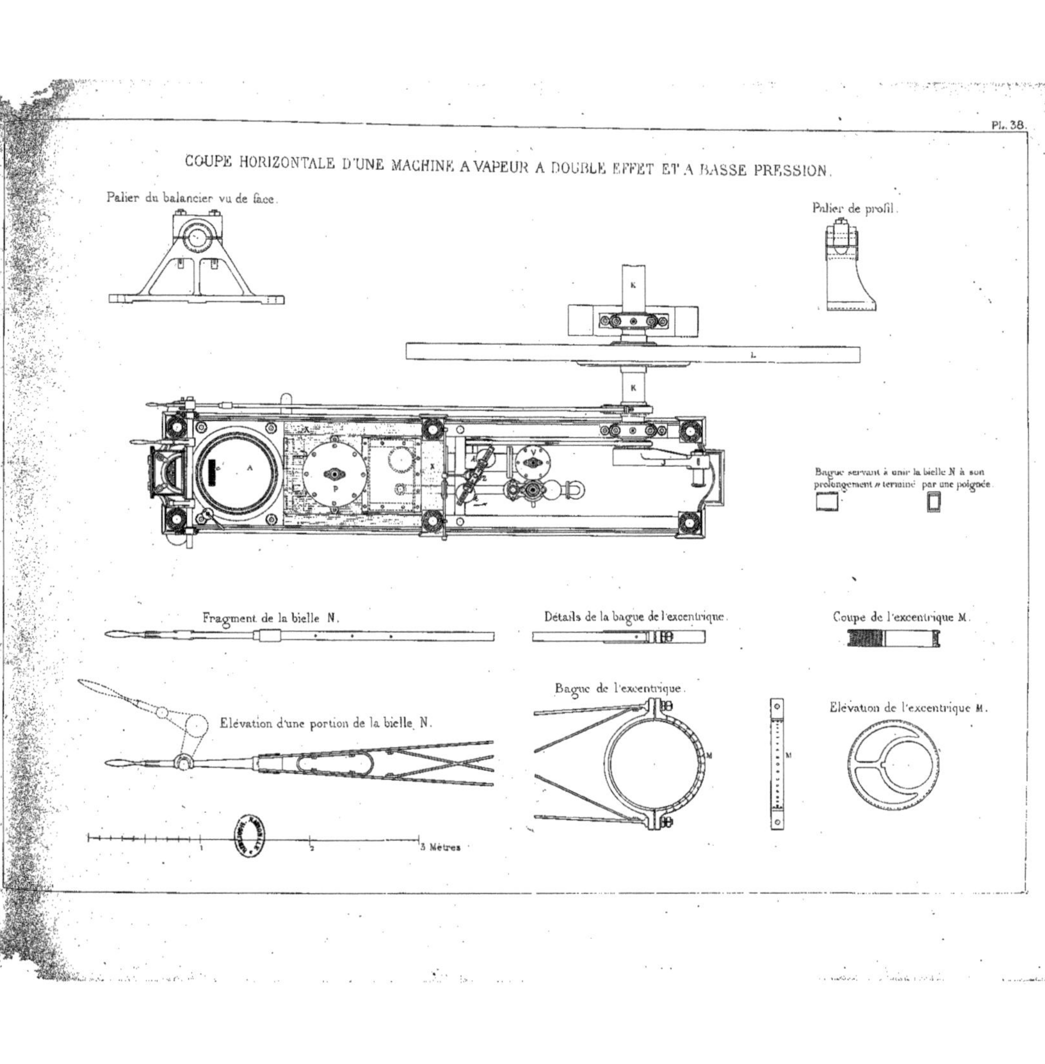
PL. 38.
COUPE HORIZONTALE D'UNE MACHINE A VAPEUR A DOUBLE EFFET ET A BASSE PRESSION.
Palier du balancier vu de face.
Palier de profil.
K
L
K
A
P
X
V
Bague servant à unir la bielle N à son prolongement n terminé par une poignée.
Fragment de la bielle N.
Détails de la bague de l'excentrique.
Coupe de l'excentrique M.
Bague de l'excentrique.
Elévation de l'excentrique M.
Elévation d'une portion de la bielle N.
M
M
1
2
3 Mètres

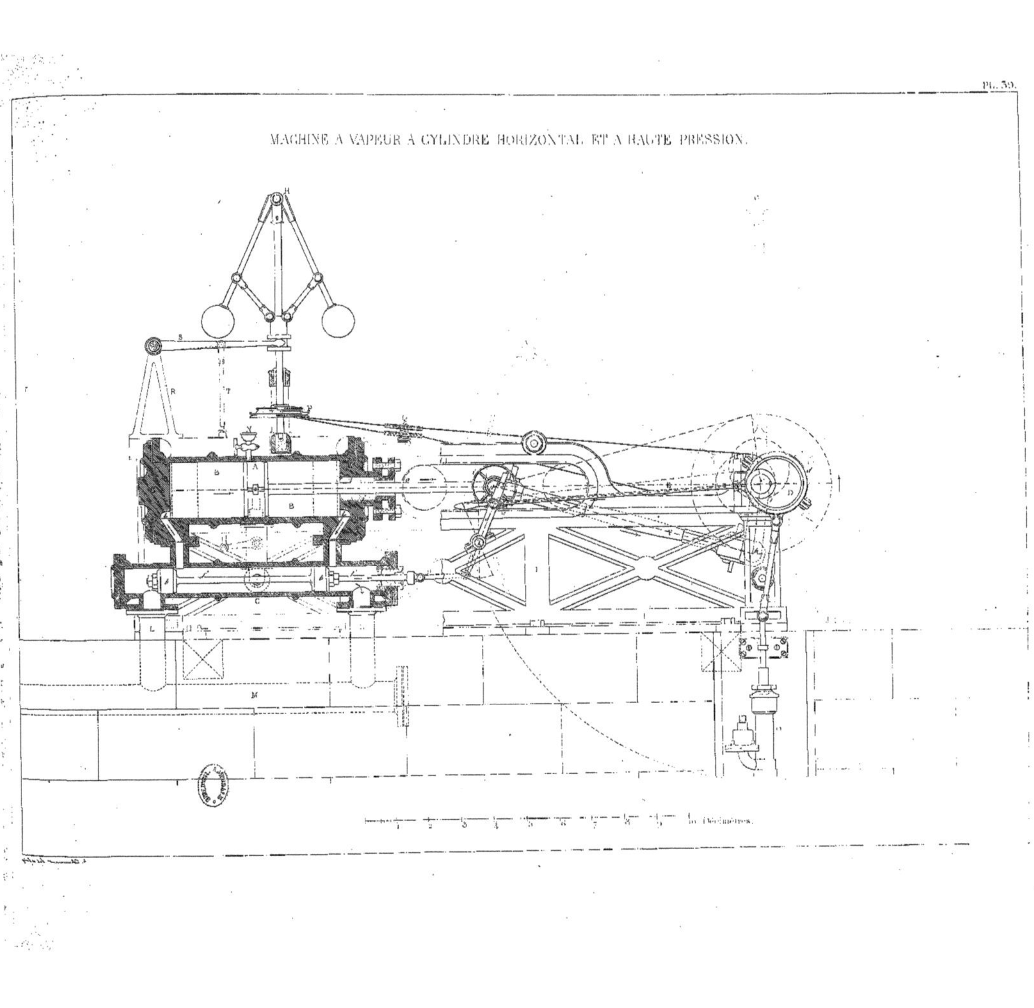
MACHINE A VAPEUR A CYLINDRE HORIZONTAL ET A HAUTE PRESSION.
10 Décimètres.

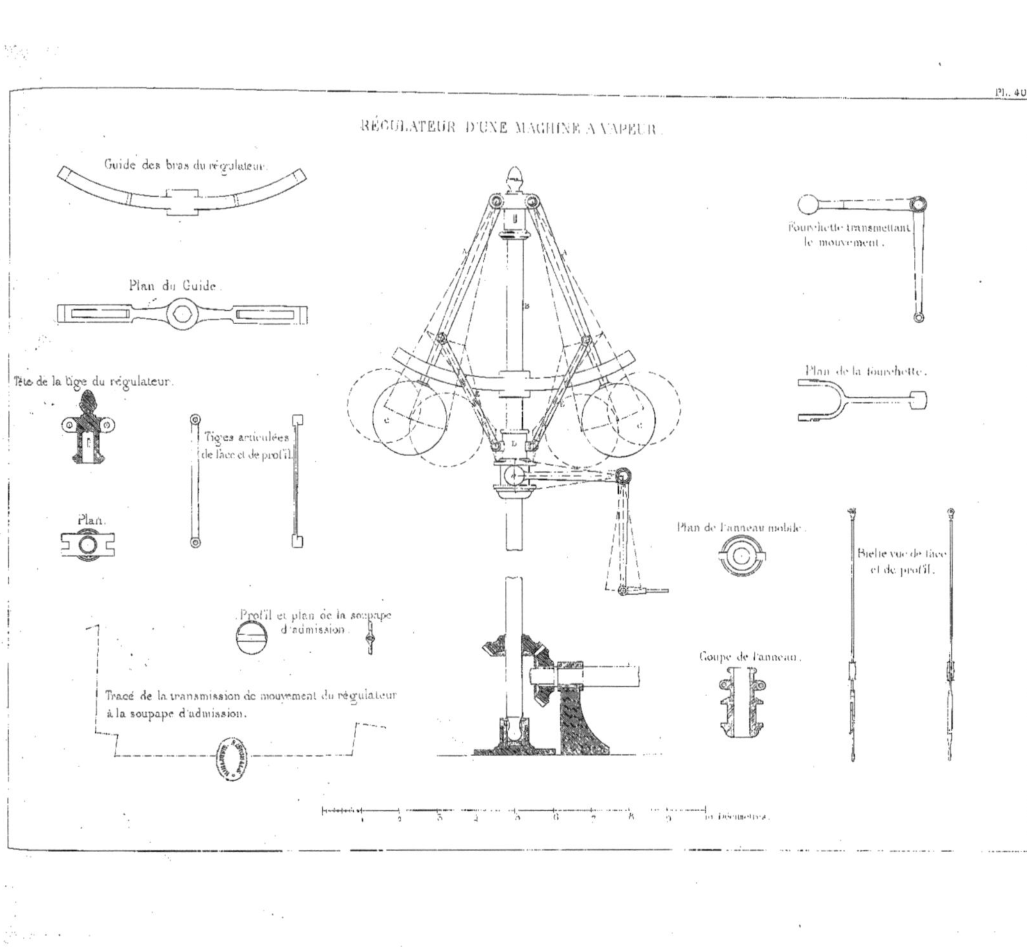

Pl. 40.
RÉGULATEUR D'UNE MACHINE A VAPEUR.
Guide des bras du régulateur.
Plan du Guide.
Tête de la tige du régulateur.
Plan.
Tiges articulées de face et de profil.
Profil et plan de la soupape d'admission.
Tracé de la transmission de mouvement du régulateur à la soupape d'admission.
Fourchette transmettant le mouvement.
Plan de la fourchette.
Plan de l'anneau mobile.
Bielle vue de face et de profil.
Coupe de l'anneau.
1 2 3 4 5 6 7 8 9 10 Décimètres.

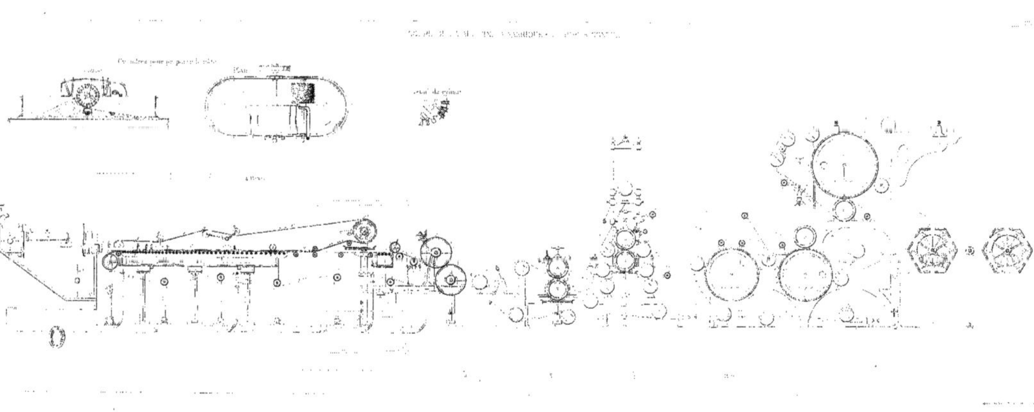

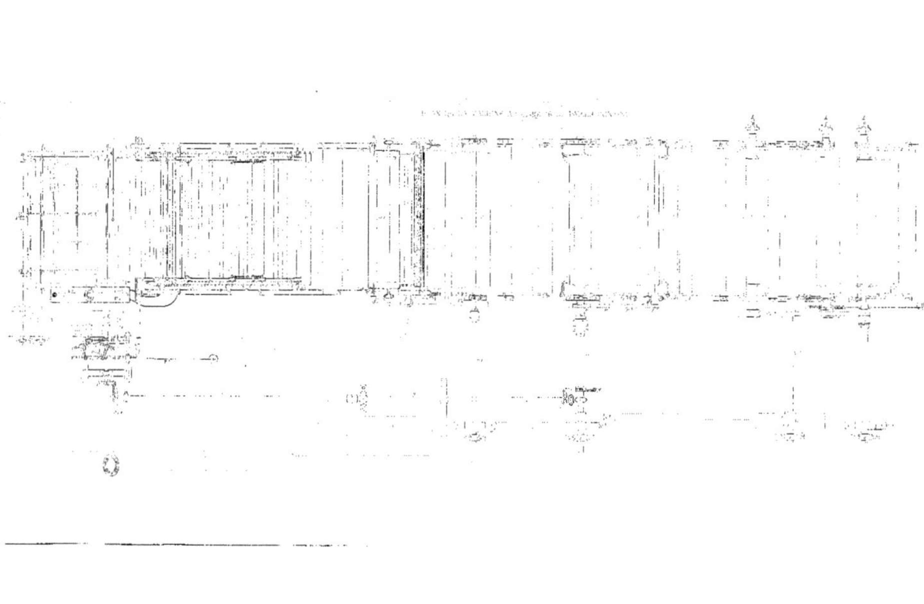

PRESSE MÉCANIQUE D'IMPRIMERIE, PAR M. THONNELIER.

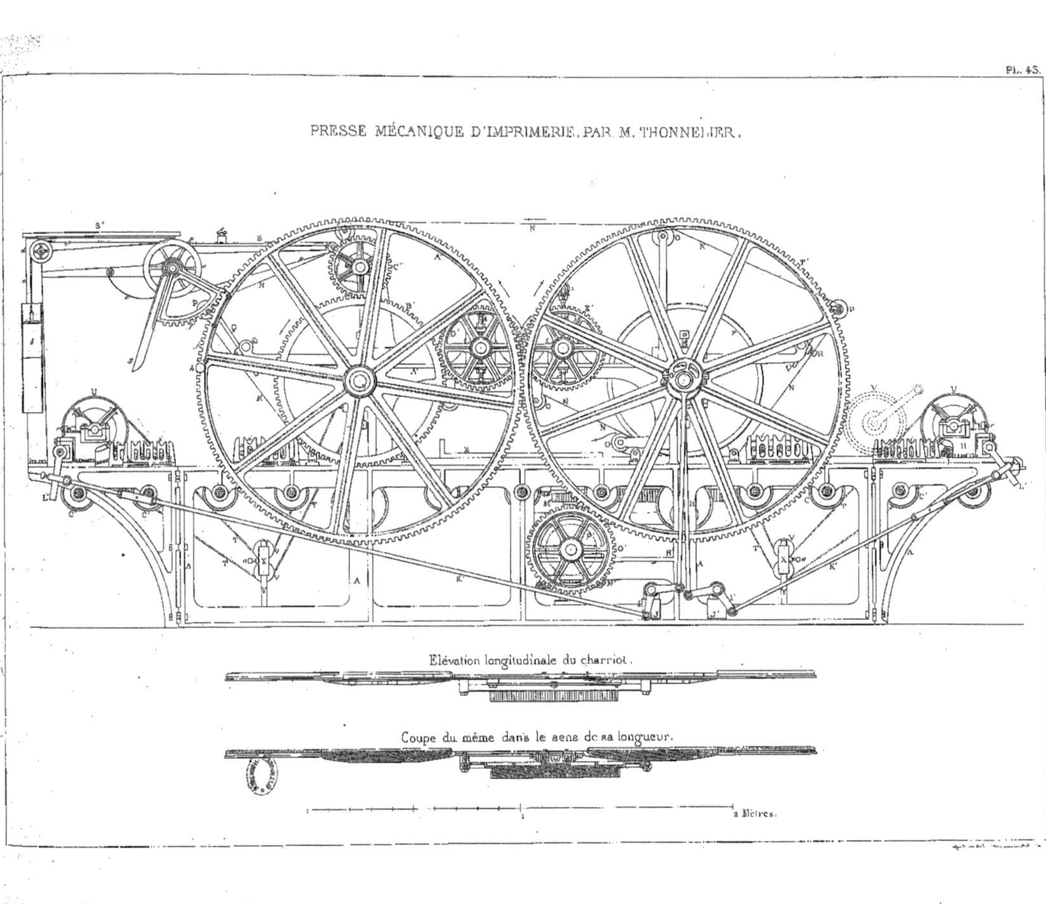

Élévation longitudinale du charriot.

Coupe du même dans le sens de sa longueur.

2 Mètres.

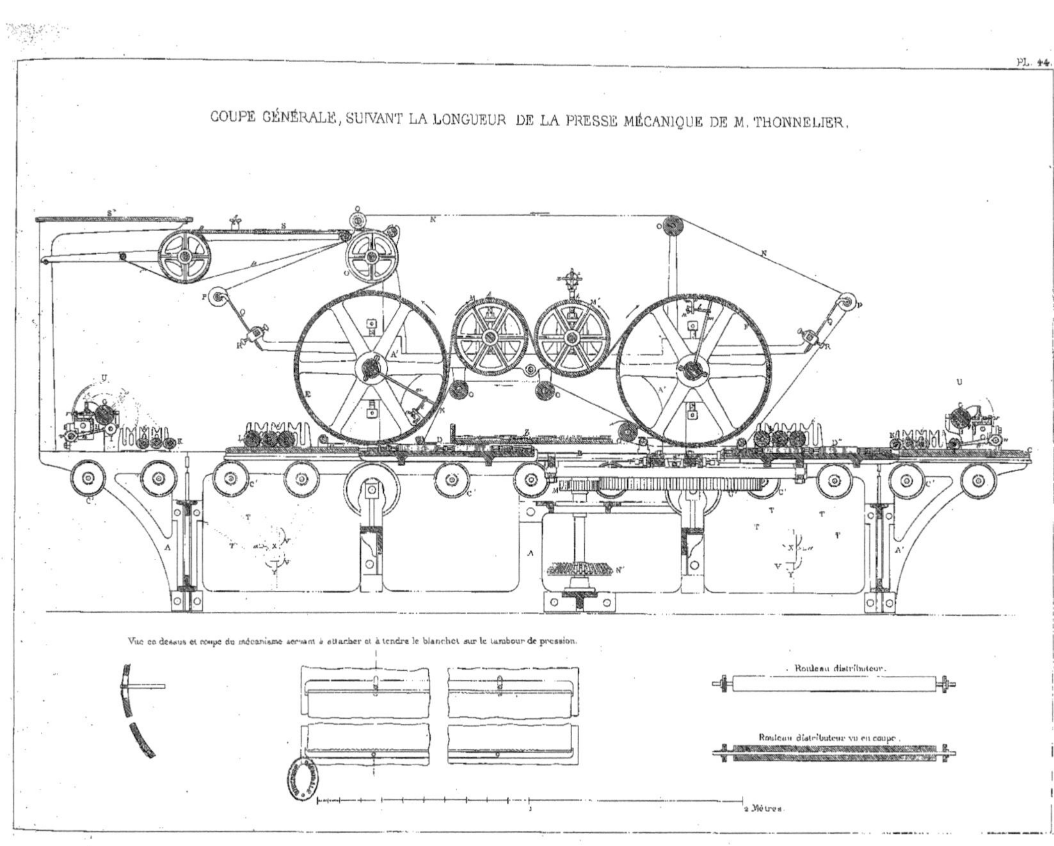
PL. 44.
COUPE GÉNÉRALE, SUIVANT LA LONGUEUR DE LA PRESSE MÉCANIQUE DE M. THONNELIER.
Vue en dessus et coupe du mécanisme servant à attacher et à tendre le blanchet sur le tambour de pression.
Rouleau distributeur.
Rouleau distributeur vu en coupe.
1
2 Mètres.

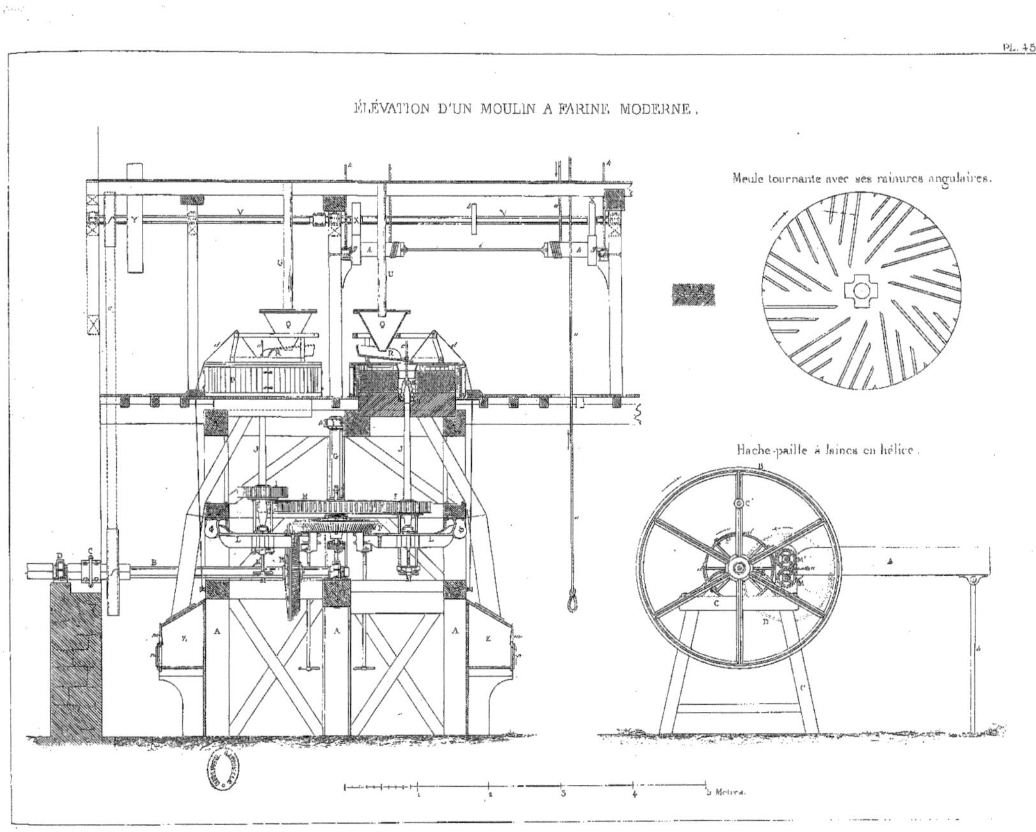
PL. 45.
ÉLÉVATION D'UN MOULIN A FARINE MODERNE.
Meule tournante avec ses rainures angulaires.
Hache-paille à lames en hélice.
1
2
3
4
5 Metres.

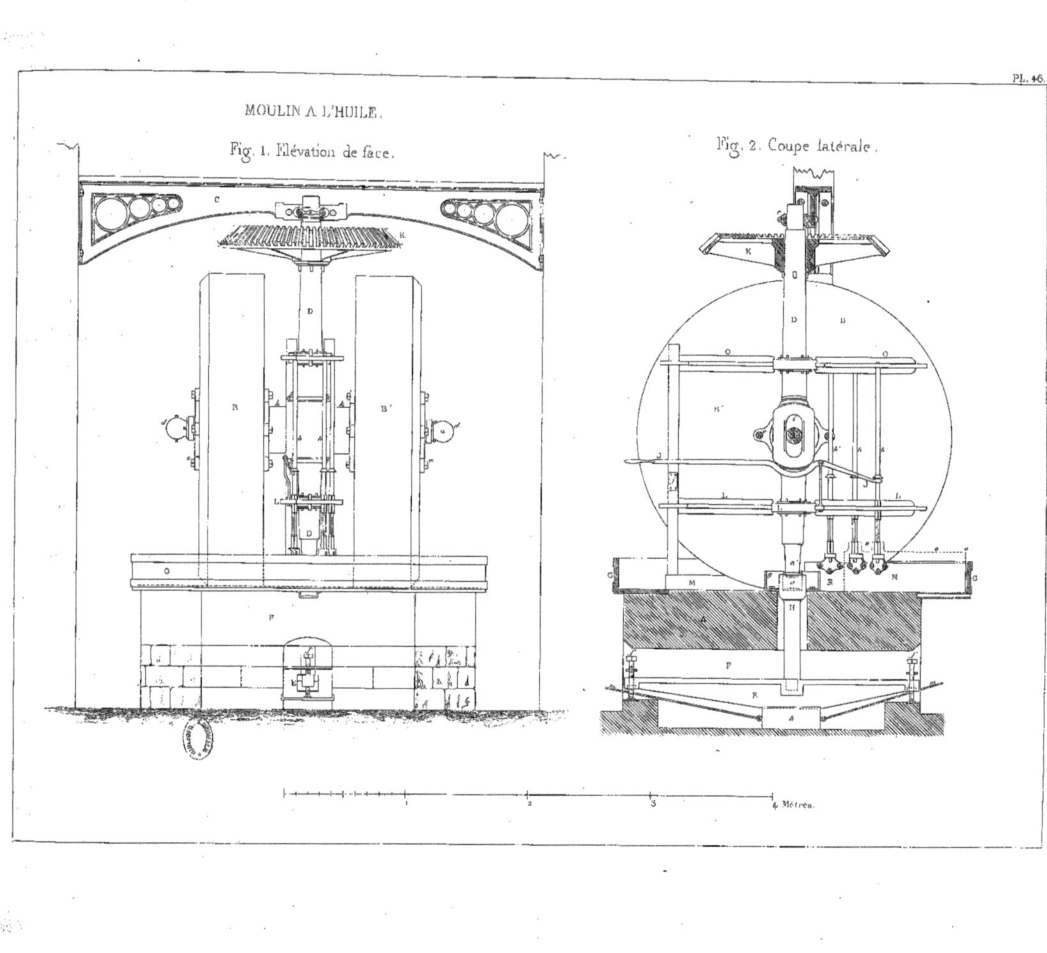
MOULIN A L'HUILE.
Fig. 1. Élévation de face.
Fig. 2. Coupe latérale.
4 Mètres.

MACHINE A IMPRIMER TROIS COULEURS A LA FOIS SUR ÉTOFFES, DITE PERROTINE.

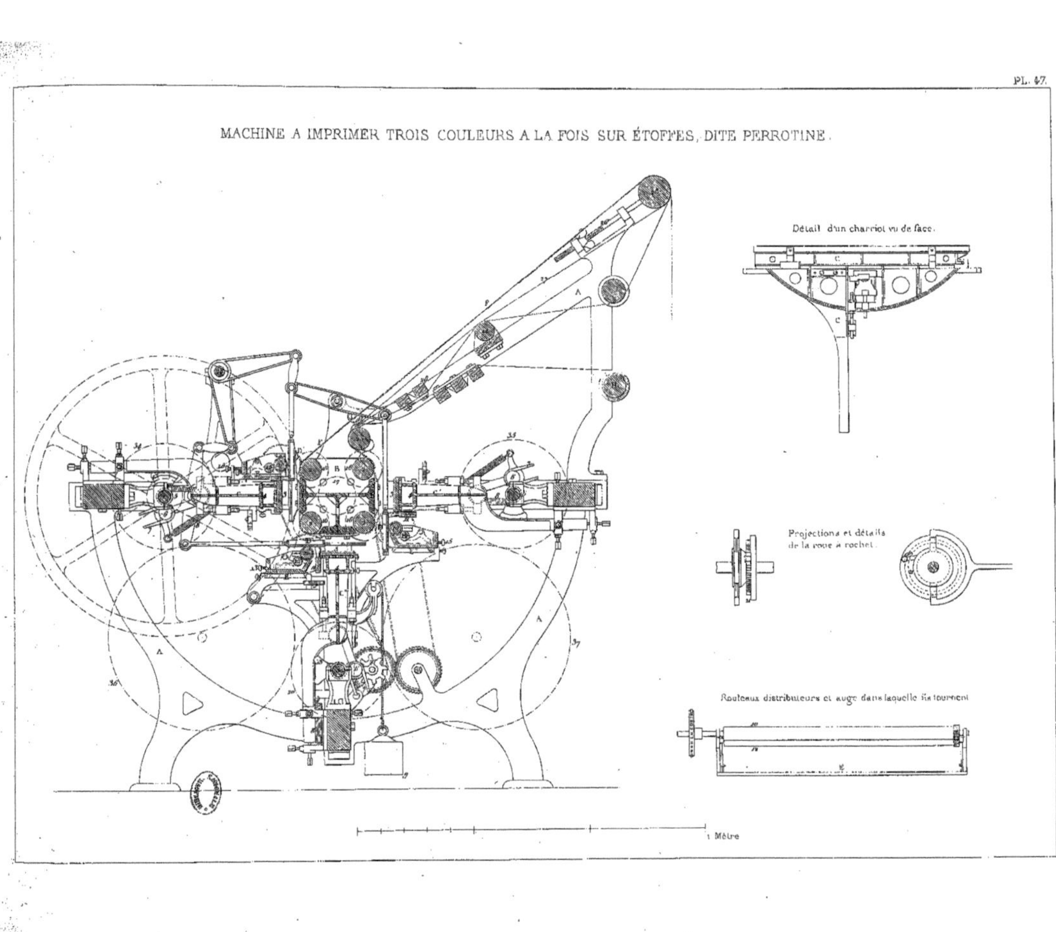

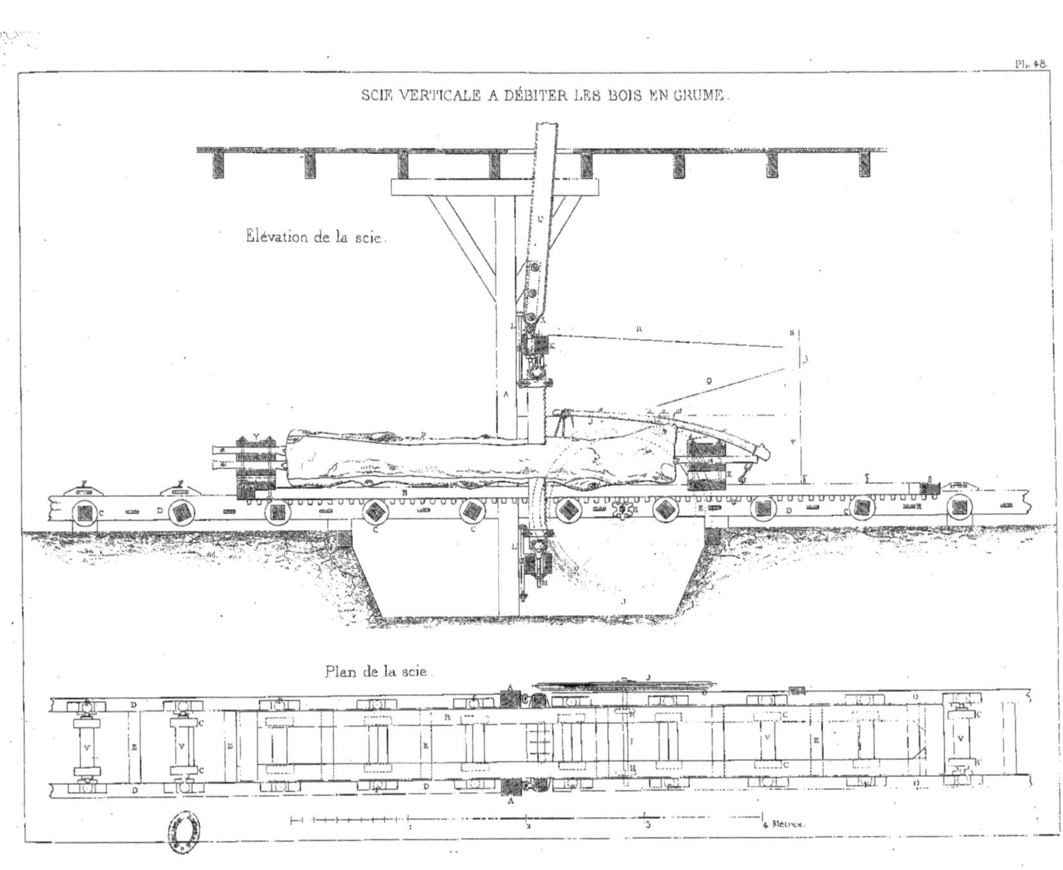
Pl. 48.
SCIE VERTICALE A DÉBITER LES BOIS EN GRUME.
Élévation de la scie.
Plan de la scie.
4 Mètres.

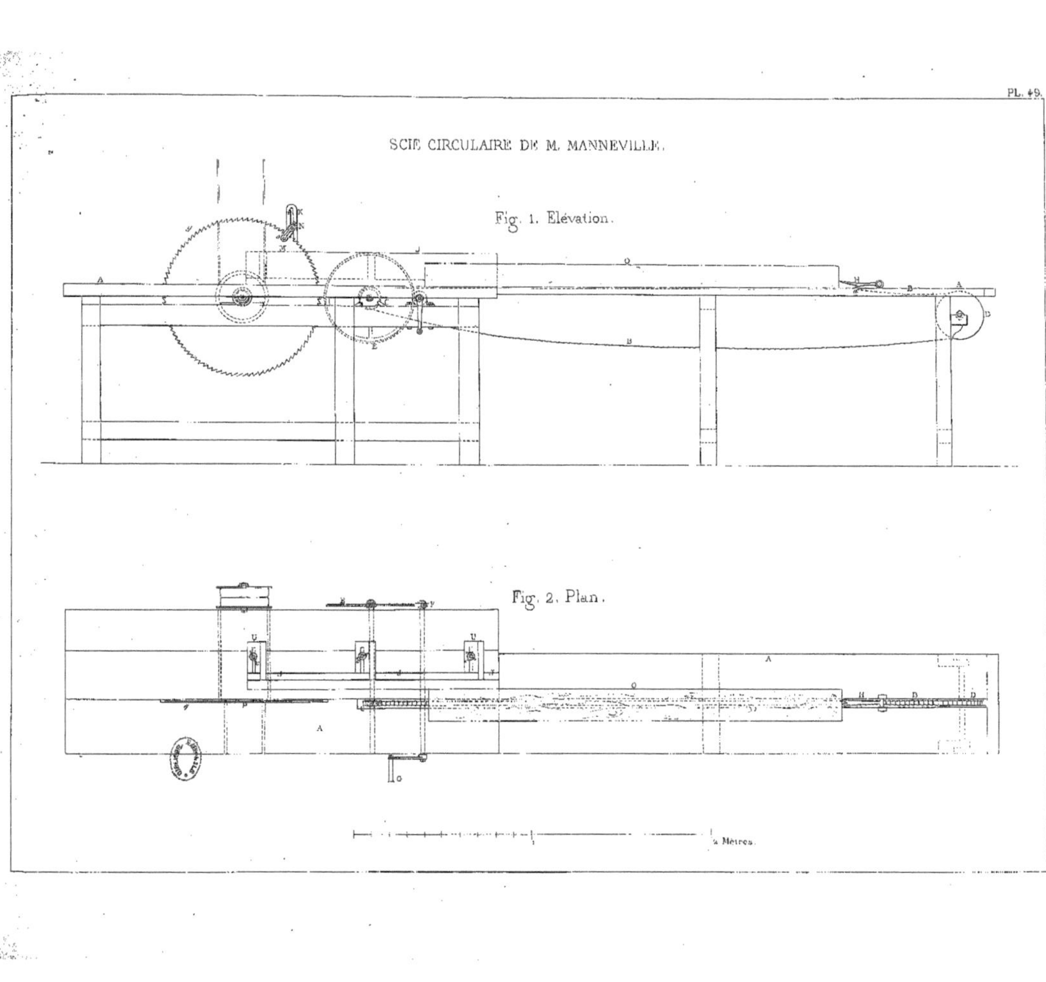
SCIE CIRCULAIRE DE M. MANNEVILLE.
Fig. 1. Elévation.
Fig. 2. Plan.
Mètres.

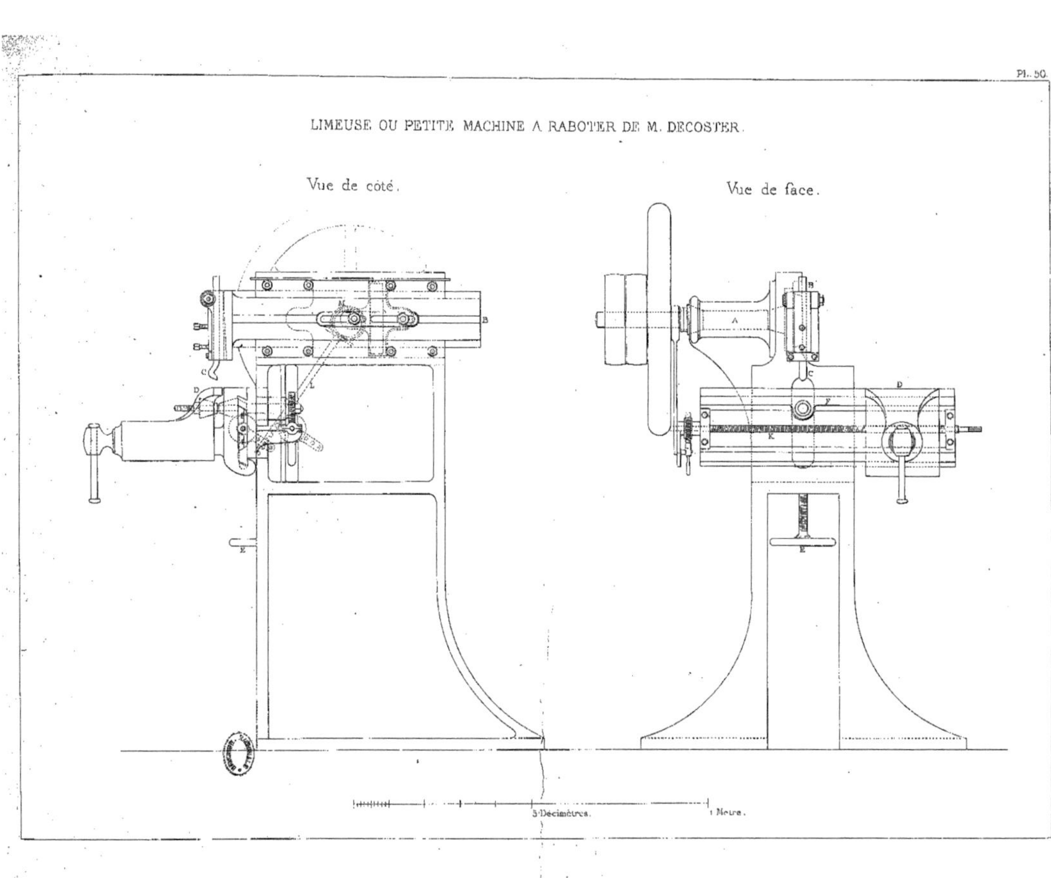
LIMEUSE OU PETITE MACHINE A RABOTER DE M. DECOSTER.
Vue de côté.
Vue de face.
3 Décimètres.
1 Mètre.

www.ingramcontent.com/pod-product-compliance
Ingram Content Group UK Ltd.
Pitfield, Milton Keynes, MK11 3LW, UK
UKHW012039240726
13965UKWH00003B/902